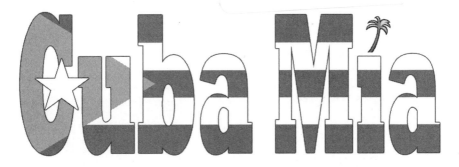

HABLAN TUS HIJOS

TESTIMONIOS

Ninoska Pérez Castellón

Mirta Iglesias

ISBN 0-9741404-0-6

Editorial Zun Zún, Inc.
P. O. Box 144490
Coral Gables, Florida 33114
editorialzunzun@hotmail.com

Imagen de la Portada: Lucia Reyes
Diseño de portada: Arnaldo Iglesias
Paginación: Mati Quintana

Impreso en los Estados Unidos de América
Primera Edición mayo de 2003

Agradecemos

a todos los que,

a pesar de las lágrimas,

contestaron nuestra pregunta

e hicieron

Cuba Mía una realidad.

A Dios,

gracias por la inspiración

que dio vida a este libro.

Para mi padre, quien me inculcó los valores patrios que he transmitido a mis hijos y nietos. Para mi madre, que mantuvo vivo el sueño de una Cuba libre.

Mirta

Para el Coronel, que no me dejó bajar del caballo. Para mami, que me regaló las estrellas.

Ninoska

Introducción

Venimos de una isla mítica convulsionada por huracanes y conflictos políticos. De un país embrujado que convirtió a los descendientes de sus conquistadores en sus mejores hijos. Una tierra que abandonamos, solo para seguir mentalmente viviendo en ella. ¿Qué tiene esa desafortunada isla que sus hijos no podemos desprendernos de sus encantos? ¿Con qué huella indeleble nos ha marcado? ¿Qué hebra mágica hace imposible el desprendernos de sus hechizos?

La desgracia sopló con furia sobre Cuba el amanecer de aquel primer día del año 1959. Era un viento denso que arrasó con la razón y 44 años más tarde continúa azotando a un pueblo noble y valiente. La revolución encabezada por Fidel Castro cambiaría las vidas de futuras generaciones para siempre. Pero no nuestros sentimientos.

Sorprendidos por el infortunio nos convertimos en exiliados y con terquedad desafiamos todos los patrones. La adversidad se convirtió en motivo para triunfar. La distancia en razón para no olvidar. Y así, aferrados a los recuerdos, nos labramos un presente en tierra extraña — que no tardamos en convertir en nuestra — añadiéndole nuestros ritmos, nuestros sabores, nuestros olores y nuestras costumbres. Para algunos de nosotros, nuestras vivencias han quedado dibujadas con la nítida permanencia de los *tatuajes en el alma* de Lissette Alvarez. Para otros, Cuba es la isla de Liz Balmaseda, que *provoca añoranzas aún sin memoria.*

Celia Cruz es Cuba dondequiera que cante. ¿Pero por qué la guarachera que ha triunfado en el mundo entero sólo añora el día que pueda cantar en su isla de azúcar? ¿Por qué Mel Martínez, un niño que llegó solo al exilio sin sus padres y se convierte en el primer cubano que integra el gabinete del presidente de los Estados Unidos, George W. Bush, aún sueña con el regreso a su nativa Sagua la Grande? ¿Por qué Ileana Ros, la primera cubana en llegar al congreso de los Estados Unidos, aún atesora el pasaje de regreso a la tierra de su niñez?

¿Por qué Raoul García Cantero, nieto del ex-presidente Fulgencio Batista, nacido en España, criado en Estados Unidos, hoy Magistrado de la Corte Suprema de la Florida, se siente cubano? ¿Por qué bajo su sobria toga negra, se esconde una blanca y criolla guayabera? ¿Por qué Alina, la hija rebelde de Fidel Castro agradece el dolor que lleva en su alma?

Sí, Cuba duele. Como dice Rafael Orizondo, *Cuba duele todos los días.* Duele por los que han quedado en el camino. Duele porque puede ser una noche de espanto en las negras aguas de la bahía de La Habana, donde los chorros de poderosas mangueras arrancaron a niños del abrazo protector de sus madres. Duele por ese hijo pulverizado en espacio aéreo internacional por aviones Migs de la Fuerza Aérea Cubana. Duele por cada fusilado, por cada hombre o mujer que ha sido privado de su libertad y reducido a una celda. Duele por todos aquellos que han perdido sus vidas en el Estrecho de la Florida en busca de libertad.

nuestra bandera ondeará orgullosa algún día, proclamándole al mundo que Cuba es libre, al fin.

Ninoska Pérez Castellón

Querida patria, tus hijos y nietos, hoy lejos de ti, queremos hacerte llegar, a través de estas páginas, los sentimientos más puros y profundos que tu solo nombre inspira, tanto a los que tuvimos la dicha de nacer bajo tu cielo, como a aquéllos que a pesar de haber nacido lejos de ti, aprendieron a quererte y respetarte. Estos pensamientos sobre lo que tú representas para cada uno de nosotros, te los dedicamos, como humilde testimonio y prueba fehaciente que el amor que sentimos por ti no ha disminuido con el tiempo ni la distancia; que tus hijos te llevamos en el alma y en la piel; que hemos sufrido inmensamente tus dolores; que estamos ansiosos por saberte libre y soberana y que seguiremos luchando hasta que así sea.

¡Cuánta emoción nos embarga al leer los pensamientos de nuestros niños y jóvenes que, al referirse a ti, lo hacen con tanta dulzura y respeto! Son tus nietos, Cuba nuestra, que han tomado su propia antorcha para transitar, junto a tus hijos mayores, el camino digno hasta que nuestro pueblo pueda disfrutar de la libertad, justicia y paz que merece.

Hasta pronto, Cuba mía.

Mirta Iglesias

¿Qué representa Cuba para mí?

Fecha de salida de Cuba (s/c:) _____

Convierte este libro en tu recuerdo propio, personalizándolo
con tu respuesta.

Cuba es la madre, aunque la llamen patria. Una madre hecha de tierra como Adán, pero de tan entrañable sangre como Eva. Es duradera, eterna, si entendemos como eternidad lo que ha estado antes y estará ahí después y es inalterable. A ese eternidad le debemos, no solo la existencia, le debemos la esencia. Soy cubano. Ser cubano es haber nacido en Cuba. Ser cubano es ir con Cuba a todas partes. Ser cubano es llevar a Cuba en un permanente recuerdo. Todos llevamos a Cuba dentro como una música inaudita, como una visión insólita que nos sabemos de memoria. Cuba es un paraíso del que huimos tratando de regresar.

Guillermo Cabrera Infante
Escritor. Periodista
Londres, Inglaterra
s/c: 2 de octubre de 1965

Cuba es mi yo. Lo único que soy es ser cubana.

Miriam Gómez
Actriz y musa
Londres, Inglaterra

Cuba es mi tierra adorada. La tierra que me vio nacer y donde di mis primeros pasos en el mundo del espectáculo. Es la tierra en donde yace mi madre y donde me encontré con Pedro. De mi pedacito de arena tengo recuerdos muy bonitos y muy profundos. Es esa Isla a la que añoro regresar algún día. Si me quedara un día de vida, mi deseo absoluto sería irle a cantar a mi Patria.

Celia Cruz
Cantante
La Guarachera de Cuba

Amo a Cuba. Allí nací. Allí nació mi madre y nacieron mis hijos. Mi padre no; nació en Colombia. Pero un amor romántico y viril a su libertad, que Martí sembró en su entraña de volcán y de nardo, peleó por ella y alcanzó los grados de coronel, teñidos con la sangre de diez heridas que recibió en combate en la Guerra del 95.

Allí crecí y fortalecí mis principios morales y políticos. Allí, abogado y periodista, logré bienes que sacrifiqué para no traicionarlos.

Esa es mi herencia histórica. Y lo que Cuba representa para mí. Por eso, su llamado con voz de ceiba y yerbabuena, de martirio y esperanza, mientras yo viva, jamás dejará de resonar en mí.

Humberto Medrano
Abogado y periodista
Asesor Principal, Radio y TV Martí
s/c: 20 de mayo de 1960

De niño alimentaba mi ingenuidad oyendo las anécdotas sobre nuestra gesta independentista. Narradas por veteranos de la guerra de 1895, las hazañas y penurias de los bravos mambises, devenidos en venerables ancianos, acuciaron en mí los sentimientos de amor a la causa de la libertad de Cuba. La elocuencia robusta y consecuente de uno de los veteranos,— para todos los fines el abuelo — iba sembrando en mi los claros conceptos de la palabra patria. En mi condición de nieto de veterano, se estableció un mágico eslabón sentimental entre el abuelo y yo. El sano orgullo de saberme nieto de uno de aquellos hombrazos, dignificaba mi niñez. Cuba, aliento y derrotero. Era su máximo exponente. Así se ha ido forjando en mí el concepto de una patria irredenta como vocación de entrega y sacrificio.

Roberto Martín Pérez
Ex Prisionero político
Cumplió una condena 28 años

Cuba es el principio y el fin de mis desvelos, el afán de mi lucha diaria, el triste recuerdo de mi infancia y también de mi juventud robada, el salado sabor de las lágrimas porque solo puedo pensarla y no disfrutarla, ni caminar por sus calles, ni sentir el cálido soplo de su brisa a orillas del malecón habanero. Cuba es, en fin, la reafirmación de mis ideales y el compromiso sagrado de continuar luchando hasta que se convierta en un país sin ataduras o hasta que la vida cierre mis ojos para siempre...

Cary Roque
Ex prisionera política
Cumplió condena de 16 años
s/c: 20 de mayo de 1978

Llegué a Miami, Florida, el 8 de octubre de 1960, con mis 2 hermanas mayores. Cuba representa para mí sentimientos contradictorias de amor, odio, alegría, tristeza, añoranza, distanciamientos, incomprensión y respuestas a mis preguntas. Cuba es la casa de mi niñez. La despedida fue dramática. Besé las paredes de mi casa. Sabía, con mis 8 años, que no había regreso. Recuerdo, en la pecera del aeropuerto, del otro lado del cristal, a mi mami y mis hermanos pequeños. Nunca olvidaré el dolor y la tristeza que vi en los ojos de mi madre.

¿Qué representa Cuba para mí?... Rabia... y de esa rabia, nace un inmenso amor.

Annie Goudie
Activivista
Miembro de Madres contra la Represión (MAR)

El remolcador 13 de marzo fue hundido el 13 de julio de 1994 por patrulleras castristas, llenando de luto a nuestra patria. La fuerza de los chorros de agua arrancaba los niños de los brazos de sus madres y con ellos sus sueños de ser libres, 41 víctimas inocentes. El recuerdo imborrable de aquella noche y la pérdida de nuestros seres queridos, en mi caso, mi esposa y uno de mis hijos, nos impulsa a la lucha. La tragedia que vive nuestra patria nos convierte en almas errantes aferradas al recuerdo, pero con voluntad infinita para ver a Cuba libre.

Sergio Perodín
Sobreviviente del hundimiento
del Remolcador 13 de marzo
s/c: 23 de septiembre de 1994 en balsa

Desafortunadamente, Cuba para mí representa el dolor más profundo de mi alma. Nací fuera de ella, soy producto del exilio y, por lo tanto, no tengo recuerdos gratos de veranos en Varadero, ni de tardes patinando por el Paseo del Prado. No, mi Cuba se define en una lágrima. Las lágrimas de mis abuelos cuando recibían noticias que había fallecido un ser querido. Velorios vacíos e inexplicables — ciertamente para un niño—, llenos de dolor y desesperación marcaron mi alma para siempre.

Lágrimas por las injusticias que suceden diariamente en el suelo donde nacieron mis padres. Las triste realidades que descubrí a través de mis investigaciones como un joven documentalista. Las lágrimas que aun no escapo cada vez que pienso que tuve que enterrar a mi madre fuera de su país natal. Siento una depresión eterna sabiendo que mi madre murió sin realizar su deseo más importante, el de regresar a una Cuba libre y democrática.

Cuba, cómo me has hecho llorar sin siquiera conocernos.

Joe Cardona
Documentalista

Mi Cuba querida, mi patria linda, mi Madre Patria, porque la patria es madre y la madre jamás se olvida. Cuba es mi mayor dolor, mi lucha constante, mi mayor impotencia, mi rabia, mi tristeza y Cuba es mi mayor fuerza. Por ti, sigo viva y no me iré, no me voy hasta que te vea libre, hasta que vuelvas a ser tú. Cuando nací no nació una artista cubana, nació una ciudadana cubana. Cuba es la razón más importante y yo siempre seré un grito a favor de mi patria.

Olga Guillot
Cantante – "Olga de Cuba"

Cuba es un sentimiento profundo que está arraigado en el fondo de mi alma. Un sentimiento que a veces me trae recuerdos gratos de mis años allí vividos y, otras, de pena, de angustia, de impotencia al pensar en los que tanto sufren en manos del tirano. Cuba es una herida que sangra constantemente, poco a poco, con sangre de herencia mambisa. Sangre incorrupta, sangre de héroes, como el que descansa en la tierra del Cacahual.

Para mí, Cuba es una mesa compartida con buenos amigos. Un embudo del tiempo que ha mezclado mis valores, nuestras tradiciones, nuestra cultura y mi fe. Una delicada flor a la que han robado el derecho al rocío vivificador.

Mi sueño para mi patria es que un día no lejano, de esa tierra fértil surgirá una flor que abrirá, hermosa y triunfal una Cuba libre y soberana, que volverá a ocupar el lugar que le pertenece en el mundo, abrazando en ella a todos sus hijos.

Enrique Ros
Escritor. Historiador

Sus profundos ideales democráticos obligaron a mis padres a salir de Cuba y fue así que dejé mi patria nativa cuando sólo tenía 7 años. Así guardo en mi mente, como joya preciosa, las primeras memorias de mi niñez arraigadas a la tierra que me vio nacer. He recibido de mis padres la herencia de un amor patrio inclaudicable y recuerdos imborrables de nuestra patria. Con todo ese amor y con todas mis fuerzas batallo junto a todos los cubanos que, como yo, sienten el compromiso de liberarla. El recuerdo de aquella Cuba es para mí el origen y la razón de mis esfuerzos por volver a verla en absoluta libertad y democracia.

Ileana Ros-Lehtinen
Representante por el estado de la Florida
al Congreso de Estados Unidos

Cuba es la lucha pura y noble que comenzó para mí en la Universidad de La Habana. Cuba es mi amigo del alma, Pedro Luis Boitel, que murió en una huelga de hambre en prisión y Cuba es también sus ideales que cargo sobre mis hombros. Cuba es enterrar en el exilio a mi hermano de lucha, Jorge Mas Canosa, pero no sus sueños. Cuba es desvelo. Es lucha constante y la certeza que regresaré algún día y lo haré con la frente en alto.

Alberto M. Hernández
Médico
Director, Consejo por la Libertad de Cuba

Cuba es un pasado y un futuro... una idea... un ancla que amarra mis raíces, que no me deja separarme.

Alberto M. Menacho
Empresario
Comenzó el exilio a los nueve años

Cuba es la fuerza que motivó a mi hijo Pablo Morales a participar en una misión de rescate para salvar vidas, como lo salvaron a él los Hermanos al Rescate un 6 de agosto de 1992. Cuba es también mi hijo pulverizado en espacio aéreo internacional un 24 de febrero de 1996 por la fuerza y el odio del régimen castrista. Cuba es amor y dolor profundo.

Eva Barbas
s/c: 1996

Cuba para mí representa donde nací, me crié, donde me casé con Howard Anderson y donde nacieron tres de mis cuatro hijos. Cuba también representa muchos años felices antes de llegar Fidel Castro. De ahí en adelante mis recuerdos son tristes y amargos, culminando con la muerte de Howard Anderson frente al paredón en 1961. Sin embargo, quiero al pueblo cubano. El pueblo no es culpable de lo sucedido. Mis padres — norteamericanos — están enterrados en Cuba, igual que Howard Anderson. Obviamente, Cuba es una parte integral de mi ser y siempre lo será.

Dorothy Anderson McCarthy
Nació en La Habana

Desde niño mis mayores me enseñaron a admirar todo lo que fuera cubano. Más tarde, de joven, decidí por mí mismo salir a recorrer a Cuba. De San Antonio a Maisí conocí, palpé, y saboreé a toda Cuba. La madurez de los años me hizo entonces comprender que por encima de lo anecdótico, de lo nimio, de lo transitorio, de la política y sus partidos, había algo permanente y profundo de lo que yo estaba totalmente enamorado: esto era lo que yo llamaría "la cubanía." "La cubanía," mezcla mágica indefinible de lo telúrico y lo humano, fue mi primera novia, mi primer amor, y éste, como dice una canción, "ni se olvida ni se deja." La ausencia de esa mezcla mágica es lo que yo más extraño en el destierro.

Manuel Márquez-Sterling
Escritor. Profesor de Historia
s:/c 12 de abril de 1960

La última imagen que tengo de mi país es a los doce años de edad, salir al balcón del segundo piso de la casa de mi abuelo, mirar al mar hacia la línea del horizonte y despedirme llorando de todo lo que presentí en aquel momento que nunca más iba a volver a ver. Desde entonces, llevo a Cuba como una espina de nostalgia clavada en el corazón. La guardo en mi subconsciente de forma esquizofrénica arropando en su desorden de personalidades múltiples, el frenesí de mi cubanidad manifestada en todo lo que hago. Soy cubana por encima de todo lo demás. Soy esencia de Cuba.

Cristina Saralegui
Periodista
Personalidad de Televisión
s/c: 1960

Es muy triste ver a tu madre ser condenada a una sentencia de dolor siendo inocente. La conozco por mis recuerdos y por lo que me cuentan de ella. Así es como la aprendí a querer. Aunque estoy lejos viendo a la distancia todo lo que ha sufrido, mi corazón sólo añora día a día la libertad de esa madre a la que llamamos Patria.

Emilio Estefan Jr.
Compositor. Músico. Productor

Nací en Cuba 17 días después del triunfo de la revolución y estuve en mi tierra natal solamente 10 meses antes de que mis padres me trajeran al exilio en Miami. Aunque nos fuimos de mi pueblo oriental, Puerto Padre, antes de que yo pudiera reconocer sus calles y sus palmares, Cuba nunca se ha ido de mí.

La isla permaneció en mi corazón durante mi niñez en Hialeah, mis reuniones familiares, mis años de estudio en escuelas americanas. Siempre ha estado una isla que provoca añoranza sin memoria. No creo que esa isla, la de mis sueños, golpes de identidad, lágrimas y risas, verdaderamente exista, pero su imán es suficientemente poderoso para marcarme por toda una vida.

Liz Balmaseda
Escritora. Periodista
Premio Pulitzer.
s/c: 1959

Cuba, la que fue y será. Eras morena y alegre, y al son de la guaracha, te embriagabas de miel con sabor a cachaza. Eras como una sirena que en sol y arena se baña. Fuiste el ardiente lecho donde África y España copularon. Eras diosa presumida de seductores contornos, y de cautivantes entornos siempre estuviste vestida. Tus campos eran lares de mariposas y cundiamores, los sinsontes cantores por tu belleza trinaban, y libando de tus capullos y flores los colibríes se extasiaban. Mas tu embrujo se desvanece al marchitarse tu corola y tu radiante amapola hoy de pena se entristece. La campiña languidece cuando allá en la llanura, hijos de raza impura rasgan tus ropajes y te dejan desnuda. Eres negra como tu suerte y guajira como tu encanto, y sumida en el llanto oyes el presagioso bongó, y hoy tus bardos en lúgubre canto, entonan un triste lamento, atribulados, Oh Patria mía, por tu infinito sufrimiento. Mas tú eres la del Grito de Yara, la que se alzó con bravura en la heroica manigua, y si ya se oye en el aire de tu himno el sonido, es del cañón el rugido y de Martí.

Claudio Mariano Domínguez
Profesor Asociado del Miami-Dade Community College
s/c: 29 de agosto de 1961

Cuando apenas tenía 17 años fui capturado durante la invasión de Bahía de Cochinos. Al ser introducido en una rastra herméticamente cerrada, escuché las palabras del criminal de guerra Osmany Cienfuegos, que luego se convertiría en ministro de Turismo, al contestarle a alguien que le advirtió que moriríamos asfixiados, "mejor, así nos ahorramos las balas".

Cuba es para mí el compromiso contraído con los 9 compañeros que murieron asfixiados en esa rastra, en uno de los momentos más dantescos que pueda un ser humano imaginar. Oyendo los lamentos de mis hermanos le pedí a Dios que si moríamos en aquel momento que dejara regresar nuestras almas para ayudar a liberar a Cuba.

Yo sé que Cuba, algún día, será libre.

Humberto Pérez Padrón
Veterano Brigada 2506

Cuba para mí es compromiso. El que adquirí tan pronto comenzaron a encarcelar y fusilar en 1959. Su libertad para mí es una misión. Yo sé que Cuba será libre y me siento orgulloso de pertenecer a un exilio que no ha olvidado a Cuba. Que a pesar de los logros económicos no le ha dado la espalda a su pueblo. Por eso tengo fe que todos los cubanos sirviéndola con devoción le garantizaremos un futuro de libertad, de progreso y justicia.

Feliciano Foyo, CPA
Miembro de la Brigada 2506
Director, Consejo por la Libertad de Cuba
s/c: 30 de abril de 1960

Since my first memories, Cuba has symbolized numerous and diverse emotions and feelings for me. As I grew up, like many of my peers, I heard countless stories and anecdotes about Cuba. I learned about Cuba through these stories, and more importantly, the Cuban lifestyle and culture. These stories ranged from my family's everyday experiences over there to just how beautiful and simple life had been. Along with these stories, my parents and other family members instilled a sense of pride and identity in me directly related to our Cuban heritage.

Cuba, despite the fact that I have never lived there, is within me, within my soul. Cuba is a source of happiness, nostalgia, frustration, anger, and pride for me and I imagine, many others. It makes me who I am today. Cuba is a part of me, and I am a part of Cuba.

Nelson Manuel Taracido Domínguez
Abogado
Nacido en Miami, Florida

I am eager for the day when I will be able to experience Cuba for myself — walk down the streets where my parents and grandparents walked, see their schools, their homes, their neighborhoods. I want to witness the place that I am proud to be from and the people whose freedom my parents have passionately struggled, suffered, sacrificed, fought, and prayed for.

Until that day comes, I am left only with stories, descriptions, and pictures of the place that could have been, should have been, my home.

Monica Iglesias Taracido
Nacida en Miami, Florida

Mi hermano José y yo nacimos en Fort Laurderdale. Rafael Jr. y Lincoln nacieron en Cuba. Pero los cuatro somos ciento por ciento americanos y ciento por ciento cubanos. Amamos a Estados Unidos y amamos a Cuba con igual devoción e intensidad. Cuba sufre desde hace 44 años la más brutal, incapaz y voraz tiranía, y por eso es nuestro deber ayudar a reconquistar su libertad y desarrollarse en un Estado de Derecho "con todos y para el bien de todos". Cuba es un deber sagrado y siempre lo cumpliremos "sencilla y naturalmente" como enseñó el Apóstol de Dos Ríos.

Mario Díaz-Balart
Representante del estado de la Florida
ante el Congreso de Estados Unidos.

Cuba es la responsabilidad que Dios me dio al nacer en esa bendita isla. Es el quehacer diario de mis recuerdos. Es el galopante sufrimiento de mis seres queridos. Es mi vida inconclusa. Es el amor permanente a todo lo que me ata a esa tierra esclavizada, por la cual vivo ilusionado.

Gilberto Marino
Pintor
Miami, FL
s/c: 18 de agosto de 1981

Alrededor de 1953-54, siendo yo aún muy niño, mi padre trajo a casa un disco de Benny Goodman grabado en vivo en el teatro Carnegie Hall de la ciudad de New York. Era la primera presentación de una orquesta de Jazz en aquel lugar, dedicado hasta entonces exclusivamente a la música clásica. Mi viejo (que a la sazón no lo era) sacó el LP de su policromada carátula y lo hizo girar sobre el plato del tocadiscos Sylvertone *de maletica* que hacía poco había comprado a plazos en SEARS de Marianao. Con mucho cuidado depositó suavemente la aguja sobre la placa de negrísimo vinilo, e inmediatamente se dejaron escuchar las alegres y familiares notas de *Let's Dance*, tema musical de Benny, que mi papá, cuando estaba de buen humor, tocaba en su antiguo saxofón tenor caminando por toda la casa. Desde entonces el legendario clarinetista judío se convirtió en mi ídolo, y fue él con su música fascinante quien puso en mi mente de niño el sueño de algún día actuar en aquel teatro mágico y llegar a ser un músico de Jazz en la mítica ciudad de los rascacielos.

Pero como una cosa piensa el borracho y otra el cantinero, un buen (¡o mal!) día llegó el comandante, mandó a parar y mi sueño "newyorkino" se topó con un calderón que levitaba como amenazante nube gris sobre un largo compás de espera. En poco tiempo el jazz se convirtió en una mala palabra; *música imperialista* según las atrofiadas mentes de los nuevos jerarcas de la cultura cubana y, por lo tanto, haciendo una historia larga corta, tuvimos que irnos todos con nuestra música a otra parte. Isla poblada por gentes de los más diversos orígenes, nunca fue más cierto y palpable aquello de "Yo vengo de todas partes, y hacia todas partes voy", que casi profetizó Martí.

Muchos años después, una fría noche de invierno participaba yo en un espectacular homenaje de recordación al llamado *Rey del Swing* en el Carnegie Hall. Al terminar el concierto, un estirado y silencioso limousine me esperaba para llevarme de regreso a mi casa al otro lado del río Hudson. Bajando por Broadway hacia Times Square, las bocinas de los automóviles, el paso acelerado de los transeúntes, un enjambre de amarillos taxis deslizándose por el espejado asfalto y la nieve cayendo sobre la iluminada ciudad reflejada en las calles, parecía una escena sacada de alguna película de Hollywood.

Por el camino a través del Lincoln *tunnel* encendí la lamparilla sobre el mullido asiento trasero del coche y me entretuve leyendo un bello artículo de Norma Niurka sobre la escritora cubana Lydia Cabrera. "Yo descubrí a Cuba a orillas del Sena", escribió emocionada la folklorista recién exiliada en el romántico París de los sesenta. Quien sabe si en medio de su tristeza, la autora de *El Monte* creyó ver reflejadas las palmas cubanas sobre las aguas oscuras del río que atraviesa la Ciudad Luz. O quizás le pareció escuchar el sonido de los tambores de fundamento mezclado con el eco de las campanas de Notre Dame.

Por unos instantes una nostalgia muy similar a la que siento en estos precisos instantes invadió mi alma. Miré a través de la nevada ventanilla del auto y sobre el río helado, entre las luces de la noche y los altísimos y brillantes edificios de la Gran Manzana, mi pensamiento voló hacia mi tierra cálida y lejana. En la distancia me pareció ver de nuevo la imagen de mi padre soplando su viejo saxofón tenor junto al tocadiscos con la música de Benny Goodman, la misma que había estado yo tocando poco antes en el teatro de mis sueños. Sentí como se me hacía un nudo en la garganta, se me nubló la vista y una lágrima corrió por mi cara desgarrándome el corazón. Yo también acababa de descubrir a Cuba... ¡a orillas del Hudson!

Paquito D'Rivera
Clarinetista. Saxofonista

Para mí Cuba está unida a recuerdos de mi infancia y adolescencia. El nombre de Cuba trae imágenes de mi madre joven, de visitas a la finca de mi tío, del campo y de las playas de la isla. Mis maestros, compañeros de clase, paseos por el malecón, fiestas de carnaval: todo ello evoco al pensar en esos años de mi vida. Alguna vez escuché que uno es de la tierra donde por vez primera besó a una mujer. Y Cuba es asimismo la memoria de los primeros amores. En ella quedaron, pues, mis raíces y ella, Cuba, echó raíces en mí. Esos tiempos se ensombrecen por la violencia política que como trasfondo inevitable marcó la década del cincuenta.

En un sentido más amplio, Cuba es a su vez el legado que heredé de mi familia. En ese aspecto sobresale la vocación de servicio público, tanto por parte de mi padre, Modesto Maidique, quien fuera Senador de la República, como de mi tío Francisco Alomá y Alvarez de la Campa, quien fuera líder de la mayoría en la Cámara de Representantes.

Cuba, naturalmente, es también parte de mi vida en Estados Unidos. Uno la lleva en la sangre, la lengua materna, los gestos al hablar, el gusto a ciertas comidas típicas, el sentido de humor criollo y en ese código cifrado que hace la comunicación tan fácil entre los miembros de la tribu. Y nada de ello se olvida pese a que se aprenda y domine entro idioma y uno se desenvuelva con igual o hasta mayor facilidad en la cultura norteamericana.

Pero no es sólo parte del mundo afectivo Cuba.

La nación se instala en el campo intelectual, cuando leo un libro de Guillermo Cabrera Infante o Jorge Mañach, admiro los azules de un cuadro de Mijares, o disfruto de un concierto de Arturo Sandoval. Cuba es ese constante pensar y repensar su historia, su actualidad, y su futuro del que no podemos escapar los cubanos. Como parte de mi servicio a la Universidad que presido, Cuba no puede estar ausente, porque es un tema de importancia para la gran comunidad de cubanos en Miami, y para el gran número de estudiantes de origen cubano que tenemos.

Es fácil, dado el régimen represivo que ha sufrido Cuba hace más de cuatro décadas, confundir al país con su gobierno. Como todos, a veces he cometido ese error.

Cuando me doy cuenta, me refugio en esos recuerdos de infancia: las imágenes de una guardarraya custodiada por altas palmas, la luz filtrada por persianas o vitrales, la sorpresa de las olas del mar rompiendo contra el malecón, el sabor del salitre en los labios, en el aroma del café con leche preparado por una madre o una abuela, aquel primer beso. Cuba es, pues, algo íntimo, memorable, poético, imperdurable, que sobrevive el horror y la distancia.

Modesto Maidique
Rector
Universidad Internacional de la Florida (FIU)

Cuba, para mí, representa todo, mis raíces, mi tierra, mi cultura y sobre todo mi gente. Gente alegre y trabajadora. No importa el éxito alcanzado en esta tierra americana, a la cual le estaré eternamente agradecido, que me abrió sus puertas y me dio la oportunidad de criar a mis 7 hijos en libertad. No importan los bienes materiales que pueda tener hoy. Lo cambiaria todo por disfrutar de una Cuba libre, por caminar por mi Pinar del Río, por abrazar a mis amigos y respirar el aire del Puerto de la Coloma que aun recuerdo. Cuba significa para mí, vida, nostalgia, sueño, ilusión y esperanza.

Manuel Capó
Fundador y presidente de las Mueblerías El Dorado
s/c: 16 de octubre de 1966 en una
embarcación llamada El Dorado.

Cuba ha sido para mí diferentes cosas desde que salí al exilio a los 18 años, hasta hoy, a unos días de los 60. Primero, era el compromiso fiero, la sangre fresca de mis amigos fusilados, el recuerdo de los presos dejados en las cárceles (me había escapado de una de ellas) y la certeza del regreso a corto plazo. Después, con las frustraciones, poco a poco, se fue instalando la nostalgia por una ciudad irrepetible, La Habana, y la rabia de saber que fue cediendo hasta casi desaparecer. Ha pasado tanto tiempo que hasta me he olvidado de la nostalgia.

¿Qué me queda de Cuba? Mucha tristeza por lo que ha sufrido mi gente y un cierto deseo de ser útil en la reconstrucción del país, si es que llego vivo a ese momento crucial, porque pocas tareas me parecen más dignas que recoger los escombros, restañar las heridas y contribuir a echar las bases de un país en el que nunca más suceda una pesadilla tan cruel, estúpida y absurda como ha sido el castrismo.

Carlos Alberto Montaner
Escritor. Periodista
Madrid, España

Cuba pertenece al ámbito de mis sueños y se circunscribe a un futuro que aún no he vivido y siempre presiento inmediato. También es compromiso intelectual y moral. Desde la diáspora la construyo en el recuerdo que está por venir.

Gina Montaner
Escritora. Periodista
Madrid, España

Cuba es todo lo que soy:

El acento con que hablo, la comida que me gusta, el amor como lo siento, la música que me mueve. Son los recuerdos que atesoro, y lo que no logro olvidar. Mi forma de percibir el humor, la rabia y el olor del mar. Lo que deteste, lo que me seduce y lo que me duele.

Cuba es todo lo que me arrebataron:

El orgullo de triunfar en mi país. El derecho de ver las Olimpiadas y querer que gane el cubano. Los Reyes Magos y la Navidad. La mesa de mi abuela, llena de primos y tíos. La silueta de una isla, mientras el bote se aleja. Enterrar a mi padre.

Cuba es todo lo que espero:

Una costa de espuma. Dar la noticia que marcará el cambio. Volver sin pedir permiso. Niños sin pañoletas ni consignas, solo niños. Familias que crecen juntas, por los siglos de los siglos. Reencuentros. Que Cuba Libre sea un trago y ya no más un deseo irrealizado. Nochebuena allí. Caminar y que las calles me digan: "Bienvenida a casa."

María Montoya
Periodista y presentadora del Noticiero 51-Telemundo.
s/c: 1ro de mayo de 1980 – Flotilla del Mariel

Cuba es mi patria. Amor similar al de mis propios padres. En aquella isla de sueños hermosos, realidad dolorosa y destino pendiente, están los mejores recuerdos de mi vida, tanto en la patria pequeña que es Sagua la Grande, como en la total que es Cuba. Allí recogí religión, tradición, cultura y conocí a mi esposa. Por su amor, que debe ser servicio y entrega, aprendía a honrarla y todavía hoy, con más de cuatro décadas en otras geografías, me llena de orgullo pensar que todos mis afanes han sido por ser digno de la patria en que nací. Y, si Dios quiere, allá volveremos algún día de libertad, para ser parte del esfuerzo por lograr un pueblo tan fraterno como feliz.

Juan Manuel Salvat
Presidente, Ediciones Universal
Expulsado de la Universidad de La Habana en 1960 por participar en protesta contra el ministro soviético Anastas Mikoyan.
s/c: 1961

The fact that I write this in English is indicative of the fact that although Cuba is only 90 miles away — I grew up in Miami Calle Ocho, and spoke Spanish Cuban at home— Cuba remains far away to me.

I left Cuba at six months of age. I don't think my feet ever touched Cuban soil. But I clearly remember my *abuela*, *el refugio*, the Freedom Tower, and *el pan cubano*, baked by my uncle in his Key West bakery. I remember always feeling Cuban and the sense of empowerment that came with it. I never felt like a minority or discriminated against. I remember when taking standardized testing, I always bubbled Hispanic and wondered why there wasn't a bubble for Cuban. And mostly, I remember the stories from my father-in-law, now deceased, who told me how the family farm, in his family for three generations, was confiscated and a government official who handed him "el acta de entrega" that is typed on a three by five card. How his grandmother, who had lived on that farm her entire life, did not understand what was happening. Unfortunately, he never got to wear a pair of shiny black shoes that he kept especially for the day he returned to a free Cuba.

Cuba to me is a memory, topic of conversation and my home.

Frank Pérez Siam
Abogado
s/c: 15 de mayo de 1962

Cuba Mía es llegar al exilio en México y ver a mi padre llegar con una máquina de escribir para que mi hermana de madrugada pudiese a cubanos ayudar papeles de inmigración llenar...

Es ver a mi madre salir nerviosa todos los días porque a un cubano desconocido había que reclamar...

Es también renunciar a mi cama muchas noches por ese mismo cubano u otro que desorientado, y expatriado había que albergar...

Es crecer como semilla... que sembrada en tierra ajena y lejana... sus raíces se tornarán más fuertes porque ansiosas buscan incancansablemente esa tierra que sabe fértil y que le pertenece... Cuba Mía.

Mati Quintana
s/c: de 5 años, octubre 1 de 1960

Cuba es convicción y obligación. Es perderlo todo y comenzar de nuevo. Es esforzarse en triunfar, para seguir haciendo por ella. Cuba es para mí, fanático y fervoroso apasionamiento. La fuerza interna que siempre me hace dar el paso al frente. Cuba vive en mi alma y ocupa mi pensamiento. Sufro sus dolores actuales y me desvela su destino. Por eso sigo luchando por ella. Por eso sé que la veré libre.

Elpidio Núñez Ojeda
Presidente, Northwestern Meat, Inc.
Director, Consejo por la Libertad de Cuba
s/c: 13 de enero de 1961

Cuba es la fe que nos alumbra en la distancia. Por eso lloramos, por eso sufrimos, por eso sentimos, por eso luchamos, porque fuimos paridos en la agonía de las palmas.

Alfredo Leiseca
Poeta
1943-2002

Cuba para mí representa la vida entera. Nací en un país muy bello y estoy muy orgulloso de ello. He trabajado mucho por Cuba durante la carrera mía que se extiende hasta 77 años que voy a cumplir como músico y 85 años de edad, si Dios me deja llegar. Toda mi música se la he dedicado a Cuba y lo único que le pido a Dios es que me deje llegar un poquitico más para poder preservar las raíces nuestras que son tan bellas. Cuba ha influenciado mucho mi música. Tenemos la virtud de tener más de 62 ritmos diferentes en todos los ángulos, lo mismo en la música clásica que en la popular. Hemos tenido la suerte de hacer música para todos los gustos. Ojalá que mañana mismo tenga la oportunidad de regresar a Cuba, abrazar a todos mis hermanos, que yo sé que están ahí porque no les queda más remedio, pero están pensando como yo.

La primera pieza que voy a tocar cuando regrese es nuestro himno nacional, que es una cosa muy sagrada, después.... después, un buen danzón.

Israel López "Cachao"
Músico. Creador del mambo

Mi Cuba es intemporal. Existe sólo en mi mente. Aunque me fui de Cuba en enero de 1960 y nunca he regresado, soy habanero de temperamento y nunca me he considerado otra cosa que un cubano desterrado. Mis referencias culturales son principalmente cubanas y anteceden a la revolución. La amistad y literatura de Guillermo Cabrera Infante fueron de vital importancia en mi formación intelectual. Entiendo que los grandes héroes cubanos desconocidos son los músicos que nunca han recibido el reconocimiento que se merecen. Rindiéndoles homenaje es mi pequeña manera de hacer patria. No me desvela el no regresar a Cuba, porque — en mi corazón — nunca la he abandonado

Nat Chediak
Productor
Creador del Miami Film Festival

Cuba para mí es piel quemada del sol y trabajo fuerte del campo. Pasión en forma y tono de voz en recontar un sinfín de experiencias que llenaron muchas tardes después del colegio y otros días enteros entre juegos de dominó y caminatas en el parque. Poesías de Martí y décimas de los guajiros del campo. Almuerzos en familia con platos, sin duda hechos con amor, y disfrutados por todos, pero siempre "pudiendo ser mejor" como decía mi abuela. Sentimientos de querer a la familia, la patria y los principios. Tristeza de una vida trabajando por el bien de su familia y comunidad y en un día transplantado a un mundo totalmente extraño, donde todo es distinto, incluyendo el idioma. Donde el orgullo de una vida de esfuerzo y sacrificio se cambió por un trabajo humilde en una factoría. ¿Qué representa Cuba para mí? ¡Mi abuelo! Loreto Rodríguez 1899-1980 Que en paz descanse y que desde el cielo vea nuestra Cubita linda libre de nuevo.

Jorge L. Reyes
Financista
Nacido en Filadelfia

Cuba is the place that my dad tells me wonderful stories about. I want to grow up fast to help make it free.

Jorge Reyes, Jr.
7 años
Nacido en Miami, Florida

It's a lost island. People there are suffering, and the ones here are heartbroken because it is devastated. Happiness is gone because of Fidel Castro. We need the strength to rebuild it. Make it into what it once was.

Gavrielle Reyes
11 años
Nacida en Miami

Cuba is where my grandparents were born and it means a lot to me, because it means a lot to my dad. Why would such a wonderful place be ruled by a dictator?

Karina Reyes
8 años
Nacida en Miami, Florida

Cuba para mí es el recuerdo de una niñez feliz, una juventud llena de sueños e ilusiones. Un pasado que se siente muy lejano. Han transcurrido para mí, 37 años lejos de la adorada tierra de mi familia, la tierra que me vio nacer. Mi padre, que me enseñó a amar a Martí, mi madre y mi hermano, están enterrados en suelo extranjero. Aunque trato de ser una buena cristiana, es difícil perdonar al traidor que ha destruido nuestra patria, que es responsable de tanto dolor y separación familiar. ¿Qué es Cuba para mí? La esperanza de verla libre pronto junto a mis hijos y nietos. Poder trasladar los restos de los míos, para que una vez en la tierra que tanto amaron, puedan descansar en paz.

Aleida Rodríguez
s/c: 16 de marzo de 1966

¿Qué representa Cuba para mí? ¿Puede una persona sentir patriotismo o ser fiel a una patria que nunca ha visto? Dirían muchas personas que es imposible, pero ellos no han vivido en un mundo en el cual existe una patria en los ojos y los corazones de sus padres y abuelos. Esa patria, que a veces parece un sueño, es un lugar que nunca dejó de existir. Aunque muchos de mi generación tenemos la dicha de identificarnos como americanos, y moriremos con esa orgullosa distinción, también sentimos la responsabilidad de mantener la continuación de ese patrimonio legítimo de Cuba. Sí, ese bello patrimonio se mantiene vivo, esperando el día que pueda florecer otra vez en la propia isla. ¿Cuántos activistas por la libertad de Cuba, cuántos escritores que escriben sobre temas cubanos, cuántos artistas que expresan su sentimiento por

Cuba, la conocen, hasta ahora, solo en los ojos de sus familiares? Al igual que los judíos, que a pesar de haber pasado 2,000 años sin que sus ojos vieran a Jerusalén, sintieron la responsabilidad de mantener el sueño de su pueblo, también lo sentimos nosotros.

Víctor Andrés Triay, Ph.D.
Profesor universitario. Autor de varios libros sobre Cuba
Middlesex, Connecticut

¿Qué representa Cuba para mí?... me preguntan. Indudablemente que la respuesta es solamente basada en vivencias individuales, por lo cual variará su contenido. Digo que puede ser tan extensa como profunda y divagar desde nuestros recuerdos infantiles, hasta el fusilamiento de un familiar o amigo.

Venimos de un país mágico donde no hay colores medios. Donde no hay ciclones pequeños, ni las palmas son verde claro. Donde la tierra mancha la piel, y el olor del mar te persigue. Donde no se ama silenciosamente, sino, en cada esquina oscura donde se puedan ir las manos tras la piel destapada y fresca. Donde la música y el baile se sienten como el sabor del café impregnado en tu garganta. Donde a pesar de haber nacido con el grito en la garganta, te lo tragas para no morir... y se te va la vida en el día, en el sexo y el "resolver". En las cosas primarias de la cotidianidad, para reafirmarte "ahora" que no estás muerta.

Cuba es para mí... la tierra, el alimento materno, la enseñanza primaria de los sentidos, el abandono del instante, la vida misma en su lenguaje mudo e inolvidable, los cimientos de mi estructura, la nostalgia de lo que ya no es, el sentimiento de una pérdida, el retorno a otra frecuencia de vida, el sabor intenso de todas las cosas, el calor humano perdido, la música atravesando mis caderas... "viento tan mío que he dejado atrás, con el olor inconfundible de un cielo con mar y una tierra sin nubes"... existo... aún, con un ala a medio volar...

Laura Luna
Pintora

Cuba para mí representa una pesadilla que duró 42 años en aquel infierno. Considero a mi pueblo, a mis familiares y amigos que continúan en pie de lucha, angustiados, obstinados, esperando que algún día exista la democracia y la libertad que se merece todo ser, como está bien claro establecido en la Declaración Universal de los Derechos Humanos. Hoy miro a mi tierra desde lejos y veo cómo poquito a poco se va desmoronando ese sistema falso y mentiroso, que sólo acude al método de la violencia para mantenerse ahí. Ya ese pueblo está cansado de mentiras, rodeado de odio, de manipulaciones y de todo lo que hacen para mantenerse en el poder. Mi padre me decía cuando yo era una niño: "esto es lo más malo que he visto en mi vida, yo no veré su caída, pero tú sí". Y aquí sigo esperando, porque lo terrible que pasé en el Remolcador 13 de Marzo, hundido por órdenes de Fidel Castro, donde perdí a mi esposa, mi hijita de 6 meses y mi suegro, crimen imperdonable que aceleró muchísimo la muerte de mi padre.

Algún día el gran culpable será sentado en el banquillo de los acusados, no tan sólo por ese genocidio, sino también por tantos cometidos a lo largo de toda la historia trágica de esa tierra, que representa tanto para mí.

Gustavo Martínez
Sobreviviente del hundimiento
del Remolcador 13 de marzo
s/c: 2000

Cuba para mí, después de más de 40 años de sangrienta tiranía castro-comunista, representa desolación y tristeza. Pero tengo un sueño, un anhelo, una ilusión, un deseo y cada día que transcurre más ansiedad siento por el regreso a la Patria amada, donde retorne el espíritu conciliador de todos los hermanos cubanos. Hoy todo es tristeza, pero en el futuro todo será alegría. Tengo fe absoluta y confianza en el pueblo de Cuba — en el exilio y en la isla — el cual llevará adelante el programa de reconstrucción nacional que será ejemplo para el mundo tan pronto caiga el tirano. La felicidad total en la Cuba del futuro será el regalo de Dios después de tantos años de sufrimiento del noble pueblo cubano.

Diego R. Suárez
Presidente, Interamerican Technologies
Director, Consejo por la Libertad de Cuba
s/c: 15 de mayo de 1961

¿Cubano?... ¡Sí!

Nací en el exilio, en un hogar cubano donde me inculcaron costumbres y gustos y el amor creciente por la isla que acunó a mis padres y, aunque no nací en Cuba, Cuba vive en mí. Siempre me he sentido hijo de la tierra cubana.

Comparto con mi familia el ansia de volver a Cuba — en mi caso, el ansia por conocer la Patria de mi alma, donde me esperan mis raíces — las raíces que también son de mis hijos. Será para mí muy feliz el día del encuentro con la hermosa cuna que me negó el destino.

Alex Penelas
Alcalde
Condado Miami Dade

Cuba es mi subconsciente consciente que domina mis días, empapados en frustración por 42 años. Domina también mis sueños, donde respiro salitre, estiro melcocha y monto bicicleta por mis calles habaneras. La acaricio con mi nostalgia diariamente. Cuba es mía, tan mía aquí como allá.

Yvonne Conde
Periodista
Autora de "Operación Pedro Pan".
s/c: 11 de agosto de 1961

Cuba es mi patria, la tierra donde nací, pero más que un pedazo de tierra y cielo, es la identificación con los principios y valores de los próceres que forjaron nuestra nacionalidad y que, aprendidos en el hogar, en la escuela y en la fraternidad, llenaron mi vida del ideal de cubanía que llevo dentro como algo propio de mi personalidad y hoy puede resumirse en una palabra: añoranza. La añoranza del niño que busca en el horizonte un futuro promisorio; añoranza del joven que se aferra a sus ideales y no vacila ante quienes se los ultrajan; añoranza del cautivo que busca tras los barrotes un rayo de libertad; añoranza del desterrado que se aferra a sus ráices y cabalga con la cruz de su nostalgia, anhelando el pronto regreso. Eso es para mí Cuba – un recuerdo inconcluso.

Angel Pardo Mazorra
Escritor. Ex prisionero político
Cumplió condena de 24 años
s/c: 18 de octubre de 1988

Cuba es mi vida misma. Arde en mi sangre como la quemadura de un sablazo en el rostro de un sueño mutilado. Crece en mi nostalgia con una infancia y una juventud llena de anhelo, lucha y entrega. Tiene el sabor de una despedida obligada hacia el destierro y un adiós que no se plasma, porque el ideal cabalga con el recuerdo con el corcel de la reafirmación hacia la meta de su libertad.

Emelina Núñez
Periodista. Poeta
Ex presa política
Cumplió condena de 5 años y medio
s/c: 20 de enero de 1988

Cuba es mi segunda patria, donde nacieron, crecieron y lucharon mis mayores: conozco su historia por los libros y a través de mis padres. En ella nacieron también mis hermanos. Es una tierra maravillosa y merece la libertad.

Angel E. Pardo Núñez
9 años
Nacido en Hialeah, Florida

Agonía y tristeza. Un sueño lejano convertido en pesadilla cercana. Una esperanza marcada por un pesimismo profundo para su futuro inmediato.

Jaime Suchlicki
Director
Instituto de Estudios Cubanos y Cubano-Americanos
Universidad de Miami

Cuba para mí es mi pasado siempre presente y mi esperanza para el futuro.

Laura de Oña Suárez
Abogado
Directora, Consejo por la Libertad de Cuba

En una palabra breve, pero profunda, trataré de sintetizar años de lucha, dolor, torturas y sufrimientos. Esa palabra es: Todo. Sí, por la libertad de mi patria mi esposo – Angel Luis Escandón (EPD), como otros miles de cubanos, lo dimos todo y mientras más años transcurren más crece la nostalgia y el amor a la patria esclava. Dolor desgarrador el del desterrado, el que al salir del suelo patrio deja el alma y el corazón y aunque la tierra que nos acoja nos dé protección y calor, jamás la patria bañada por sangre de héroes y mártires será arrancada de nuestras almas.

Por una Cuba libre.

Annette Escandón
Ex prisionera política – Causa 253 del Escambray
Cumplió 10 años de condena, sin visitas

La lucha de ayer es un ferviente deseo oculto y permanente presente. La experiencia de verme forzado a abandonar mi Patria tan querida parece haber grabado a fuego en mi mente la imagen de Cuba de 1958, eterna e inolvidable. Así permanezco prendido a un sueño, mi aspiración que mi nombre forme parte de la historia de la pintura cubana. Como cubano, contribuyendo a poner en posición firme el nombre del exilio, no solo con mi arte, sino con mi posición inquebrantable frente a la sádica tiranía castrista.

Lesver de Quirós
Pintor
1928 - 1997

Cuba es para mí sueño, imagen y poesía; la gracia de mi familia; la memoria en que confluyen dicha y desgarramiento; el conocimiento del dolor, la separación y la pérdida; la gratitud a la tierra que nos acogió generosa; el final compromiso con la libertad, la justicia y la reinstauración de los valores, la historia y la cultura que enajenó el totalitarismo castrista; una pendiente posibilidad. Cuba es esperanza y razón del fin del exilio y el regreso a la Patria para servirla, alzarla de sus miserias, restaurar su espíritu desgarrado y hacer que acceda a su plenitud y grandeza.

Armando Alvarez Bravo
Poeta. Escritor
Crítico de Arte – El Nuevo Herald
s/c: 10 de mayo de 1981

Si yo volviera a nacer, quisiera nacer cubano, y si me dicen que no, pagaría por serlo.

Luandy Sardiñas
Productor Técnico de la WQBA
Miami, Florida
s/c: 1995

I never left,
I was never there.
I have always been there
In my heart.

En mi alma,
She is the island of my dreams
Mis añoranzas.
Que no son tal añoranzas.
I travel to and from
Between states of longing
To one day
See with mine own eyes...
La Iglesia de San Hilarión
El Parque de Guanajay
La finca de Puerta de Golpe
El portal de casa de mamá.
Que están siempre en mi corazón
Like a sweet Havana melody.
Listening to Lecuona
On a rainy night in DC
Lejos de donde casi nací.
Aprendí a quererte
Como si fueras mía,
Como si yo también perteneciera a ti.

Lourdes Cué
Especialista, Buró de Asuntos del Hemisferio Occidental,
Departamento de Estado, Washington, D.C.

Cuba fue el camino que se interrumpió en mi adolescencia. Mis padres, mis abuelos, mi familia, las Nochebuenas, la "misa del gallo"en la iglesia del Pilar. Jugar a la quimbumbia y las cuatro esquinas en el barrio. Salir con amigos a la playa y fiestas, el amor de juventud, mi escuela, el puesto de fritas en la esquina de la casa, el grupo de la Juventud Acción Católica. Fue todo. Cuba es el recuerdo vivido a través de los hombres y mujeres que envejecen en este exilio, a través de la calle Bergenline en Union City, en la iglesia San José en West New York, en los campeonatos de dominó en la Logia, en las reuniones de logias, iglesias, "Leones" y otras organizaciones. Cuba es el viejo en el exilio que añora la Cuba de ayer. Los que tratan de buscar su libertad. Los que nos privan de esa libertad. Los que mantienen a sus familiares. Los familiares que esperan y sufren en Cuba. Cuba es todo cubano fuera y dentro de Cuba. Cuba será lo que nosotros los cubanos hagamos de ella con nuestra unidad, esfuerzo y amor.

Mario E. Barquín, CPA
New Jersey
s/c: 9 de agosto de 1962

Cuba es mi lugar en el mundo, donde pertenezco. El lugar donde las palabras: "cubana, tierra, madre, casa, familia, bandera, país, himno, patria", cobran sentido. Soy de un país que inventó la magia. Cuba era mágica. Creo que antes de nacer yo, le pedí a Cuba que me pariera en una casa enclavada entre las calles de Céspedes y Varela, y en el quicio de la puerta mi abuelo me contaba cómo las mujeres iban a la manigua y ayudaban a los mambises para lograr, entre todos, la independencia y mi abuela que lo escuchaba gritaba desde adentro: "yo luché al lado de las Coronelas María Escobar y Antoñica Romero, díselo a la niña para que aprenda lo que es Patria". Y lo aprendí.

Soy legítimamente cubana, medularmente cubana, estructuralmente cubana, emocionalmente cubana, orgullosamente cubana y Cuba es para mí todo, lo representa todo y lo contiene todo. Mis costumbres están hechas a la cubana y me gusta el olor a tierra mojada en nuestros campos, el olor acre del mar que rodea la Isla, el guateque y el son, el mango y la chirimoya. Y por saberme muy bien la historia de Cuba, en el colegio gané el Beso de la Patria y lloré y mi abuela me bendijo. Yo vivo allá y estoy aquí por una horrenda circunstancia.

A Cuba también la hizo Dios el séptimo día y con mucho esmero, pero hace poco y mucho, una mano mala la hirió de muerte. Estoy segura que como en aquellos tiempos que me contaba mi abuelo, todos los cubanos salvaremos a Cuba y volveremos a la Tierra Prometida.

Teresita Mayans
Actriz. Escritora

Cuba de mi inocencia... de padres, maestros, vecinos, parientes, amigos buenos que me cuidan... me miman... aprendo a sufrir cuando los demás sufren y a reír cuando los demás ríen. Cuba de mi juventud, de bailes, de chaperonas, de carnavales, de emociones que me asustan y deleitan. Todos son buenos conmigo. De repente, la Cuba que inventaron. La envidia, el resentimiento, las delaciones, los fusilados. No me someto. Amigos que se van. Los héroes de la Brigada 2506. La batalla perdida. Las traiciones. ¡La horrible cárcel! Día y noche las repetidas consignas: "Sigan llegando que seguiremos fusilando. Patria o Muerte. Venceremos." No, no han vencido. Vencimos nosotros. Nos robaron las cosas .... y la inocencia. La tierra roja, caliente y las playas transparentes de arena blanca, pacientemente esperan. Nosotros rescatamos el alma limpia de Cuba para, en cualquier lugar del mundo, regalarla a nuestros hijos, y a los hijos de nuestros hijos, y a los hijos de los hijos de nuestros hijos... y así... y así...

Rosa del Castillo Noriega
Activista comunitaria.
Cumplió prisión durante la invasión de Bahía de Cochinos.
s/c: julio de 1961

Cuba es el lugar maravilloso donde nací, pero también el lugar donde murieron mis ilusiones. El lugar donde asesinaron, con una crueldad increíble, a ese amor que nunca se olvida. "Tengo que hacer algo por Cuba" me dijo José Ignacio Maciá, el hombre con quien me iba a casar y así cambiaron nuestros planes cuando partió para unirse a la invasión de Bahía de Cochinos. Su vida terminó en la rastra de la muerte. Fue uno de los nueve que murieron asfixiados en la oscuridad dantesca de aquel largo viaje, entre angustia, sudor y heridas. Mártires de la patria. Debió haber temblado el mundo cuando se les oyó cantar el himno nacional. Ese crimen ha quedado impune. El responsable es Osmany Cienfuegos. Yo se que tenemos que perdonar, pero no se puede olvidar.

Pepita González Horvath
Directora, Madres Contra la Represión (MAR)

Cuando pienso en la Cuba mía, la que conocí en mis primeros años, siempre me asoma una sonrisa y vuelven esas sensaciones tan intensas que se estrenan en nuestra niñez. Los olores, sabores, el sonido de nuestra música, la alegría de los juegos de niños, la familia, los amigos y todo enmarcado con ese colorido intenso de nuestros paisajes...tantas vivencias que se quedan como un tatuaje en nuestras almas, y que nos forman en lo que somos para siempre. La revolución traspasó el corazón de mi niñez como una espada a la espuma, y en el 1961 salí de Cuba con la Operación Pedro Pan a un futuro incierto. Fue parte de esa generación de cubanos que, a través del tiempo y la distancia puede preservar intactos las costumbres, el idioma, los recuerdos y la esperanza de volver a la tierra.

La vida ha sido buena conmigo y me ha prestado patrias, pero inevitablemente mi corazón sólo anhela antes de partir de este mundo, emprender algún día el camino a casa y de algún modo rescatar la inocencia y la alegría de aquella niña que fui, aún suspendida en el tiempo... en aquella Cuba mía.

Lissette Alvarez
Compositora. Cantante

Cuba es un libro que atesora los más bellos e inolvidables recuerdos de todas las vivencias de mi niñez, mi adolescencia, mi juventud y mi realización como esposa y madre. Cada una de estas páginas hacen vibrar mi cubanía dentro de mi ser. En ellas está el perenne recuerdo de mi familia, el sonido inconfundible de nuestra música. Las bellezas y el verdor de nuestra campiña, la altivez de nuestras palmas, el azul de nuestro cielo, la suave brisa que atenúa el calor de nuestro suelo. Es difícil abrir las páginas de este libro sin que nuestros ojos se llenen de lágrimas. Por eso muchas veces lo conservo cerrado, pero siempre con la firme esperanza que un día no lejano dejará de ser el libro de mis recuerdos, para convertirse de nuevo en una maravillosa y real vivencia que podrán disfrutar mis hijos, mis nietos y mis biznietos.

Elsa Adán Vda. de Orta-Menéndez
s/c: 30 de agosto de 1961

Cuba para mí es mi patria, en primer lugar, la tierra de mis mayores, donde nací, crecí y fui ordenado sacerdote.

Una isla llamada un día "la Perla de las Antillas", convertida hoy en un infierno. Una nación donde todos los valores, principios y derechos se han destruido. Derogados todos en persecución de la ambición y el despotismo de un ser que no merece el calificativo de humano. Cuba es un país empobrecido hasta el límite, aherrojado y ensangrentado. Es una cárcel donde se prefiere afrontar la muerte en el mar a vivir muriendo en su propia tierra.

Una Cuba que, desgarrada, clama a gritos por

vivir de nuevo de todo lo que el hombre tiene derecho.

Es hora de luchar por esa libertad y que vuelva a brillar el sol de la democracia sobre esa isla, la cual el descubridor llamó "la tierra más hermosa que ojos humanos vieron".

Monseñor Emilio Vallina
Párroco de San Juan Bosco
Miami, Florida
s/c: 18 de julio de 1961

Cuba para mi representa la tierra que me vio nacer, la patria querida que añoro siempre y a la que algún día aspiro regresar, pero sin tirano y sin ideas ajenas a las de libertad y democracia por las que lucharon nuestros mambises, entre ellos mi abuelo. Cuba representa mi identidad, mis raíces, mi niñez, los ricos dulces caseros, los pregoneros, la vida de mis padres y mis abuelos, los versos de Martí, nuestras bellas campiñas y playas, nuestra música y folklore. A Cuba la llevo dentro de mi alma y mi memoria y nada logrará borrarla.

Siomara Olano Lindner
Asistente del Presidente, Bacardi USA, Inc.
s/c: junio de 1962

Cuba es madre, porque ella da las reglas, la moral, el proceder. Es hija, por el arrobo con que la contemplamos, ya en presencia, ya en la ausencia, a través de la nostalgia y el olvido. Si es árbol, es la palma, si río, el Cauto, si mar, el veteado de azules que la rodea. Cuba es el relicario de sol y luz que llevamos al pecho.

Hilda Perera
Escritora
s/c: 1964

Cuba es emocionarse cuando una señora de pueblo dice que si no fuera cubana, pagaría por serlo. Cuba en mi es la recia cara de mi abuela llevando jaba a mi tío José Maria, en la húmeda Cabaña, que nos recibe en calzoncillos y me pone en el dedo un anillo con mi nombre hecho de un peso plata. Cuba es un pedazo de caña recién pelada que me ofrece mi abuelo canario, con su sonrisa impecable.

Cuba es el olor del atardecer caminado por la arena de Varadero, del brazo de mi joven esposa, mi eterna musa de Luyanó.

Esteban Álvarez-Buylla
Pintor

Apenas conozco mi Cuba — la conozco por medio de las fotos viejas que tiene mi mamá en una cajita. Fotos de otra vida y otros años. Mi mamá de debutante en el Miramar Yacht Club, La Habana, durante una *fiesta campestre*. Ella y su prima vestidas iguales. Mami y papi mirándose a los ojos en el Club Unión de Santa Clara. Hacen una pareja tan elegante y buen moza. En mi opinión, las fotos siempre son tristes porque las personas en ellas no tienen idea de lo que pueda suceder en un futuro. Una vez — hace tiempo — volé sobre la isla de regreso a Sur América y fue tanta la emoción que comencé a llorar. Los sentimientos son tan fuertes y confusos. No los puedo expresar o describir en español con la misma facilidad que lo hiciera en ingles. En realidad no se si pudiera visitar mi Cuba. Ir al panteón familiar a ponerle flores a mis difuntos. Visitar la casa de mi bisabuela que, según me dicen, esta "igualita", tal como ella la dejó.

Mi hermano y yo vinimos a este país solitos. ¡Hace tantos años! Pienso en inglés. "There's no place like home" dijo Dorothy en The Wizard of Oz "and then I click my heels".

Migdia Chinea Suárez de Lillo
Escritora de films y televisión
Hollywood, California

Ser cubano, en mi opinión, es ser parte de un sentimiento. Un sentimiento muy especial. Para mí, ser cubano gira alrededor de tres palabras: orgullo, respeto y estrella.

Orgullo, porque vivo orgulloso de nuestra historia como pueblo, de nuestros próceres y su legado a nosotros.

Respeto, porque nadie tiene derecho a sentirse orgullosos de su origen si no lo respeta mediante un régimen de respeto total que debe empezar con uno mismo y terminar con todo y todos los que nos rodean. No concibo que nadie pueda sentirse cubano si no respeta nuestro pasado, aquello que nos rodee hoy y a los demás semejantes.

Estrella, porque para mí la estrella solitaria de nuestra bandera es recordatorio perenne de la estrella de Belén. En mi desarrollo personal una estrella, obviamente puesta por Dios, ha guiado siempre mis pasos. Esa estrella me guió hasta Fela, mi compañera de toda una vida. Guió mis pasos hacia la oportunidad y privilegio de, al salir de Cuba, residir en Venezuela, Puerto Rico y Miami. Y ser recibido como un hijo más en los tres países, de los que me siento parte. Esa estrella me ha permitido progresar en mi profesión, de la cual me siento orgulloso y a la cual respeto.

Orgullo, respeto y estrella. Tres palabras que siempre se entrelazan para formar mi amor hacia Cuba, donde permanece parte de mi familia. Porque, no importa donde esté o qué esté haciendo, cuando recuesto la cabeza en la almohada, mi pensamiento vuela hacia mi familia, hacia las palmeras, hacia los trillos, hacia los cañaverales, hacia los niños jugando pelota con bolas hechas de recortes de cartón. Hacia mi Cuba.

Felo Ramírez
Comentarista deportivo
Miembro del Hall de la Fama

Yo nunca he tenido la oportuniad de vivir en Cuba por culpa de Fidel Castro. Cuba para mí es un país de oportuniad. Solamente se tiene que poner el esfuerzo para que la isla otra vez sea uno de los países más importantes en el mundo, cuando caiga Fidel Castro.

Juan Carlos Robaina Argüelles
Estudiante
Nacido en Miami.

Cuba es más que brisas y un verde exuberante. Es gente alegre, largas casas antiguas cada una con una historia detrás de sus grandes puertas, de sus zaguanes y sus ventanales. Cuba son sus guaguas repletas de una multitud de blancos, negros y mulatos, todos juntos en un kaleidoscopio que es el pueblo de Cuba. Gente educada o menos educada, pero en su gran mayoría con un buen corazón. No sé por qué cuando pienso en La Habana, recuerdo las azoteas de sus casas con autenticidad propia. Me lo confieso a mí mismo, sigo añorando a mi tierra, a mi Cuba. ¡Qué linda es mi Cuba!

Roberto Koltun
Fotógrafo
Miami Herald

The smell of una *colada* fills my mind with visions of the swaying palms of La Habana and the white sandy beaches of Varadero. A clear picture Claudio walking Ina home down the streets of Camagüey in a time when carrying a girls schoolbooks was not only chivalrous, but a sign of respect and affection. An image of Angel, a young *sastre*, and Emilia, his young bride, holding hands during a romantic sunset on the famous edge of el *Malecón*. These are movies of Cuba I play in my head. Pictures developed from stories and photographs that have been passed down from my grandparents. I envision an island filled with strength, power, history, and memories of *mi familia.* An island I have never seen, touched, or smelled lives strong in my heart.

Jenny Esquijarosa
Nacida en Miami, Florida

Cuando yo busco una explicación para el amor a la patria siempre la relaciono con esos sentimientos profundos que sólo se sienten por algún miembro de la familia. La patria es la representación territorial de la madre, por eso puede llegar a tocar la fibra más profunda del corazón. Y, por eso, precisamente, es que peleamos por ella, vivimos y morimos por ella, le escribimos canciones y poesías, le oramos y la alabamos. Cuba para mí es la otra progenitora, la que también me vio nacer, la que me acompañó en mis primeros pasos, la que me inspiró a escribirle y a cantarle. Después de tantos años, todavía hay dos fragancias que al recordarlas provocan un nudo en mi garganta: el perfume tan peculiar de la almohada de mi madre que para mí era el somnífero más potente, y el de la tierra húmeda de mi natal Pinar del Río.

Willy Chirino
Compositor. Cantante

Cuba es de donde emana mi ser en esta tierra. Es una bendición de Dios que me permite amarla y sentir orgullo en ser hija de ella, sin jamás haberla visto ni tocado su suelo. Es el dolor de aceptar que mi padre, quien tanto la amaba, murió, como muchos en el destierro, con el anhelo de volver a verla desencadenada. Cuba es encontrar fortaleza en el sacrificio de viejos y nuevos luchadores, los de adentro y de afuera, que laboran incesantemente por un nuevo porvenir. Cuba es sentir desde lo más profundo que somos el mismo pueblo; aunque nadie nos entienda, nosotros sí nos entendemos. Tristemente, Cuba también es la sangre de los fusilados que exclamaron "Viva Cristo Rey", el coraje de los presos plantados, y la dignidad de Boitel, Bruzón, Biscet, Chaviano, Ibarra, Antúnez y tantos, tantos más. La isla es el espíritu indomable de los que han dado todo por su libertad y que nos obligan a nunca olvidar. Cuba, en sus horas de tinieblas, es la valentía y el decoro de los que rechazan el odio y la opresión.

Mi Cuba es la sabiduría y tenacidad desde los mambises a los constitucionalistas de 1940, que fueron capaces de forjar una joven república envidiable y nos muestran que sí podemos. Cuba es los abuelos que nos han enseñado cómo ser y amar como cubanos. Al no haber vivido la Cuba de mis padres, la Cuba mía es la fusión constante de mente y espíritu en la esperanza que el mañana será mejor que el pasado, y que en el hoy de cada cubano está el llamado de poner lo mejor de sí mismo para lograr, al fin, vivir juntos en tierra cubana donde reine la libertad y la paz.

Ana Carbonell
Asistente del congresista Lincoln Díaz-Balart
Nacida en el destierro

A donde quiera que voy, Cuba sigue siendo mi orgullo y mi dolor. De joven, en Santiago de Cuba, aprendí a bañarme en la alegría de mi pueblo, en su música y en su burla permanente. Y me encanta descifrar sus contradicciones. Como ese amor y odio a los americanos, o esa convicción de que Cuba, esa "isla de corcho", sabría siempre alcanzar un mejor horizonte. Mas luego desfilaron banderas de odio por toda la isla . Y Cuba se convirtió en tierra sin libertad, azúcar, risas, ni esperanza. Contra ese feroz destino seguimos luchando hoy... con un ámbito de luto en la mirada.

Luis Aguilar León
Escritor
Profesor Emeritus de Georgetown University

Cuba es la tierra donde nací, crecí y conocí la vida. Es mi madre, mi padre, mi hija, la familia, los amigos, la historia, la geografía, las tradiciones, los valores, las costumbres, la identidad y la nacionalidad. Todo lo anterior hace que Cuba represente para mí un gran amor, amor asaltado, mancillado y encarcelado por un monstruo con figura de hombre que se llama Fidel Castro. Pero, sobre todo, Cuba es un gran amor con deseo y necesidad de rescatar y llevar a un entorno de libertad, democracia y paz.

Omar del Pozo Marrero
Médico
Cumplió prisión política en dos ocasiones
s/c: 1998

Nostalgia, Tristeza, Ansiedad...

Nostalgia de todo aquello que fue mi feliz niñez, nostalgia de la playa de Boca Ciega y los caballos del abuelo, nostalgia de mi colegio, mi casa, mi familia, mis amigos, y mi tierra. Tristeza de no poder verla, tristeza por todo lo que representan los años de separacion; tristeza por la impotencia que siento ante el monstruo que la subyuga. Ansiedad de volver a ella, ansiedad de su cielo, su mar, sus mañanas, sus atardeceres, sus noches. ¡Cuánto te extraño, cuánto te ansío, y cuánto y cómo sueño en volver a ti... mi Cuba querida!

Dulce González
Asistente Administrativa del director de Radio & TV Martí
s/c: 13 de marzo de 1962

Cuba para mí es mi patria natal, y patria significa que donde hay patria, hay libertad, y eso, es precisamente lo que no he podido disfrutar en mi patria. Como diría José Martí sobre la libertad: "Se es libre, pero no para servir, no para ser indiferente a los dolores humanos, no para aprovecharse de las ventajas de un pueblo, del trabajo creado y mantenido por las condiciones políticas que se aprovechan. Dígase que no otra vez. El hombre no tiene la libertad de ver impasible la esclavitud y deshonra del hombre, ni los esfuerzos que los hombres hacen por su libertad y honor". La Patria también es aquel riachuelo que recordamos, ceibas y palmas, la esquina donde jugábamos en nuestra infancia y conversábamos en nuestra adolescencia, el salobre del mar, nuestra familia, los amigos. Creo que todo ello es patria. Es patria también la historia de mi tierra, los sacrificios de sus próceres, sacrificios que llegaron hasta la muerte. Y también, como diría Martí: "Para mí la patria no será nunca triunfo, sino agonía y deber, y honrar a la patria es una manera de pelear por ella".

Benjamín León, Jr.
Presidente
León Medical Center
s/c: 12 de enero de 1961

"El que no tiene patria no tiene nada", nos legó Francisco Vicente Aguilera, para indicar que el cubano es sólo patria y, por lo tanto, sólo Cuba.

No hay duda: mi ser es Cuba y la patria que ella representa el sustento de mi vida. Cuba me creó. Su tierra y su paisaje me hicieron el alma. Por eso, cuando se muere por ella, peleando por ella, cuando se lucha por ella para hacerla libre nuevamente, se vive eternamente en su celaje y en sus campos. En la eternidad de sus palmas.

Por eso, Martí escribió que "la muerte no era verdad cuando se cumplía fielmente la obra de la vida". Para mí, la obra de la vida es darlo todo por Cuba, en la paz y en la guerra.

Mi padre, cuando llegó a Cuba casi un niño, le contestó a un amigo que cuando hiciera dinero quería volver a su aldea asturiana. Mi padre, que llegó a ser un cubano raigal, oyó esta respuesta: "morirás aquí, porque Cuba es la Isla Bruja. Tú no lo ves, pero las aceras y de toda ella salen bejucos verdes que te aprisionan. Cuba, José, es la Isla Bruja." Y es agonía y dolor. Felicidad suprema bajo sus cielos. De ella estoy hecho y están hechos todos sus hijos.

José Sánchez Boudy
Profesor universitario. Escritor

Nunca perdonaré que por culpa de Fidel Castro no pude crecer en Cuba.

Margarita Ruíz
1951 – 2001

Cuba es el suelo donde yo nací, así como mis padres y mi abuelo, quienes me enseñaron a amar a Dios, las puestas de sol desde la loma del Seminario de Matanzas. Es la iglesia que fundé en Santa Clara, el Club Rotario y mi trabajo en él. Cuba es la mirada de dolor del refugiado, las lágrimas de los padres que han perdido a sus hijos, las aguas del golfo donde descansan tantos hermanos que quisieron ser libres. Hoy Cuba es para mí un dolor y una lucha sorda, pero también la esperanza de una muy bien ganada y digna libertad.

Reverendo Max Salvador
Iglesia Episcopal
s/c: junio de 1961

La Patria para mí es la vida, es todo lo que soy. Es mi forma de amar, pensar, hablar, comer, trabajar, descansar, jugar, divertirme; en resumen, es como vivo el tiempo que Dios me da. Todo en mi persona está dado por el gran regalo de haber nacido en una isla maravillosa en medio del mar Caribe, de nombre Cuba. Soy cubano y seré cubano hasta el día de mi muerte. El día 7 de diciembre de 1961 fui llevado a la prisión de San Severino, en la ciudad de Matanzas, donde estuve preso por 5 años. Allí me tuvieron hasta mayo de 1966, que me pusieron en libertad para, un mes más tarde, recogerme de nuevo y esta vez mandarme a los campos de concentración de la Unidad Militar de Ayuda a la Producción (UMAP), donde estuve por 2 años, hasta que esos campos fueron disueltos.

Francisco García Martínez
Presidente y fundador de la
Asociación de ex Confinados de la UMAP

Cuba, para mí, es más que la silueta del terruño amado, mecida por las olas de la nostalgia y bañada por las luces del recuerdo. Cuba es más que una evocación emotiva de ayer; es un mandato doloroso y urgente de hoy. Un mandato que nos obliga a solidarizarnos con el pueblo cautivo y a luchar contra el régimen opresor. Luchar con la pluma, la palabra, la mente y el brazo. Con todo a nuestro alcance. Porque no hay éxito personal en el exilio que se compare con la satisfacción del deber cumplido en pro del rescate de la patria esclavizada. Ni hay mayor dicha para el desterrado que se sienta cubano que poder regresar a nuestra isla fascinante cuando cese la tiranía y comience a clarear el alba de la libertad.

Néstor T. Carbonell Cortina
Abogado. Escritor
PepsiCo. - Vice President, International Public Affairs
s/c: 17 de junio de 1960

Vine a Miami por los vuelos de la libertad el 9 de octubre de 1961. Tenía quince años de edad. Había visitado los Estados Unidos anteriormente en varias ocasiones, pero esta vez era diferente. Recuerdo verles las caras a mi madre y a mi padre desde adentro de la pecera — aquel sitio en el aeropuerto de La Habana donde la espera parecía interminable. No se podía llorar, porque mis padres decían que teníamos que ser valientes. Recuerdo el ansia por la libertad en mi corazón y, a la misma vez, un gran dolor por dejar atrás todo lo que era mi vida en aquel entonces.

Tres de mis hermanos de nueve, siete y cinco años de edad ya habían escapado a Miami por los vuelos de Pedro Pan. Los servicios católicos les habían encontrado un hogar temporal en un colegio en el estado de Oregon. Otro tres de mis hermanos de cuatro, dos y un año de edad venían en el mismo avión conmigo. Durante el vuelo yo no dejé de llorar, sentía una combinación de sentimientos diferentes. Por una parte, tenía una gran alegría por poder escapar de la masacre, asesinatos, muertes y peligros con los cuales había que vivir en Cuba cotidianamente. Por otra parte, me sentía casi culpable de abandonar la isla. Mi padre, Pedro Marinello, siempre me decía "¿si todos los hombres se van, quién va a proteger y velar por nuestro país?" Aunque yo era una muchachita, yo quería seguir el ejemplo de mi padre.

Mi madre por fin logró salir de Cuba. A mi padre lo capturaron los comunistas, lo encerraron, primero en la Cabaña y después en una prisión de trabajo forzado en Melena del Sur. Su tío, Juan Marinello, trató de protegerlo para que no lo mataran, pero hubo una purga comunista y Juan se fugó a Rusia para su propia protección. Al final, mataron a mi padre como hicieron con tantos otros hombres visionarios y valientes. Mi abuelo, Zoilo Marinello, el hacendado, me dio la noticia por teléfono. Mi abuelo lloraba y nos pedía que de ninguna manera fuésemos para el entierro, pues hasta para los niños la vida en Cuba era muy peligrosa. Nos quedamos en Miami.

Desde la prisión, mi padre había podido escribirme algunas cartas. En todas ellas me decía lo mismo. "Estudia lo que tú quieras, pero estudia y haz que tus hermanos estudien". Mi padre era abogado graduado de la Universidad de La Habana. Estas cosas han sido una motivación muy poderosa y me ha dado gran fortaleza en la vida.

Al graduarme de abogado, comencé a trabajar como asistente en la fiscalía. Siete años después, el gobernador de la Florida me designó como la primera juez de origen cubano. Me he esforzado para ejecutar mi trabajo como juez en todas las divisiones de la corte durante los últimos veintitrés años para poder decir que existe la justicia, si no en Cuba, aquí en este gran país. Aunque estoy felizmente casada con James Skinner y tengo dos hijos hombres, Tony y John Korvick, que son saludables, inteligentes y trabajadores y aunque me siento triunfante en mi carrera judicial, algo falta, y eso es la Cuba mía.

Todos los que hemos nacido en Cuba sabemos que el campo es más verde y el sol más brillante en nuestra isla antillana, donde la caña de azúcar es la más espléndida de cualquier parte del mundo. También sabemos que el agua de sus playas es de un color turquesa, como el de una aguamarina preciosa. Todos los que nos criamos al ritmo de nuestra música cubana la disfrutamos desde cualquier lugar en donde estemos. Cuba para mí en parte es el vacío de lo que pudiera ser. Es también el sueño de lo que queremos lograr. Es la meta que nos hemos propuesto todos. Una isla democrática donde las leyes son adjudicadas apropiadamente y donde el sistema de libre comercio le permita a la persona progresar individualmente y, a su vez, hacer progresar la sociedad y la economía. Si todos los que tuvimos que huir pudiésemos contribuir un poco al futuro de la isla, nuestros sueños serían realizados.

María Korvick
Jueza
Onceavo Circuito de la Florida

Pobre Cuba, cuánto has sufrido, pero la Cuba nueva surge del odio para sembrar el amor, de la injusticia para sembrar la justicia, justicia social, no demagogia engañadora de pueblo; una Cuba madura porque ya conoce todos los engaños y a todos los farsantes. Una Cuba para los cubanos, "con todos y para el bien de todos".

Virgilio Campanería Angel
Fusilado en La Cabaña
Abril de 1961

La ausencia de guerra en un país no implica que ese pueblo vive en paz. El pueblo de Cuba, desde hace 43 años, no ha conocido la paz. Cuba es todo para mí. Mis recuerdos, mis frustraciones, mis sufrimientos, mis sueños, mis fantasías, y mi razón de existir. Mi meta en la vida es llegar a ver una Cuba libre y soberana. Aunque siempre he sido un hombre con carácter fuerte, forjado por una separación de edad temprana de mi patria y de mi familia, cuando pienso en Cuba una tristeza grande se apodera de mí y las lágrimas se me desbordan.

Cuba es recordar con alegría cuando empinaba un cometa, que era una gigantesca bandera cubana desde el balcón de mi cuarto, desde donde escuchaba el rugir de los leones del parque zoológico. Cuba es el recuerdo de mi dirección en La Habana: Avenida de la Loma #37, entre Rotonda y 39.

Recuerdo cruzar la calle de mi casa y estar al borde de un precipicio donde yo podía ver el Río Almendares y el bosque de La Habana a la distancia.

Cuba es cruzar la Avenida 23 para ir al cine Acapulco después de jugar a la pelota en el parque que quedaba cerca de la factoría de la pasta Gravi.

Cuba es recordar en mis sueños como yo subía las dos lomas para llegar a mi casa después de jugar pelota en el parque.

Cuba son los sueños recurrentes que tuve durante muchos años donde recorría toda mi casa, cuarto por cuarto.

Cuba son mis frustraciones y mis angustias, la separación de mis padres a los 11 años. La angustia que sentí cuando vi fracasar la invasión de Bahía de Cochinos. La frustración de tener que enterrar a mi padre en tierra ajena, sin que haya logrado ver una Cuba libre.

Cuba es la frustración que siento cuando veo que los dirigentes de las naciones de este hemisferio viran las caras y pretenden que todo en la isla está bien para seguir comerciando con ella.

Es la fantasía recurrente que Cuba ya es libre y ver la Calle 8 llena del pueblo con júbilo y alegría. Dios nos crea con un espíritu, y para que se sienta con bienestar y acogido, a cada espíritu le regala un pedacito de esta tierra: el mío es Cuba. Mientras Cuba esté esclavizada nunca habrá paz en mí.

David Orta
Médico
s/c: 1959

Cuba mía, ¡Qué ola de lindos recuerdos vienen a mi mente con solo ese título! Familiares queridos, las alegrías de todos los días de una juventud sana e inocente que disfrutábamos de las pequeñas cosas, colores y fragancias del campo, las montañas, el litoral de Puerto Padre, el ron y caña en Bayamo. También mariposas, tabaco, café, y mameyes. El paraíso terrenal en que vivíamos y no lo sabíamos y que, Dios mediante, un día regresaremos a hacerla hermosa y digna de su título: "La Perla de la Antillas".

Bernardo Cueto
Ceramista.
s/c: 10 de junio de 1962

Cuba para mí es la Patria que me enseñaron a querer mi padre y mi abuelo. Es la Patria que nos legaron los mayores, después de tanto sacrificio y dolor. Y la pregunta de lo que significa Cuba para mí, yo no me la había hecho nunca antes. Y espero que al abrirle la puerta al corazón y darle rienda suelta al sentimiento y la pasión, pueda ser coherente. Tal vez esta pasión, este compromiso y este deber para no abandonar a nuestra patria, para tratar de recuperar su libertad, tenga mucho que ver con aquellas enseñanzas. Recuerdo que cuando era muy niño, mi padre me hacía la historia de su familia, que tuvieron que marchar al exilio después de la guerra grande, cuando se firmó el Pacto del Zanjón, junto al "León de las Tunas", Vicente García. Marcharon junto a él en el mismo barco que pusieron las autoridades españolas para aquellos que no aceptaron quedarse en Cuba, bajo la tutela de los españoles y fueron a parar a Venezuela. Y recuerdo con admiración y orgullo todas aquellas historias de aquellas luchas dentro de Cuba y luego en el exilio. Pero, qué lejos estaba mi padre de poder imaginar que nuevamente la familia tendría que abandonar la isla por razones similares, por falta de libertad y que nuevamente tendríamos que luchar por ella y mucho menos pensar que sus nietos nacerían en el exilio, que él moriría también en el exilio.

Esto creó en mí responsabilidad y compromiso con Cuba y la memoria de ellos. En el año 1959 comencé a luchar en contra del régimen que hoy esclaviza nuestra patria y el 23 de noviembre de 1960 tuve que abandonarla, dejando atrás a mi esposa con tres días de casados y a toda la familia.

Recuerdo a mi abuelo, que en aquel momento fue la primera persona a la que yo le dije que estaba luchando para terminar con aquel régimen esclavizante y me dijo: "Si yo tuviera la edad tuya, estaría haciendo lo mismo". No tuve muchas más oportunidades de hablar con él, porque me fui inmediatamente. El murió en Cuba y nunca más lo pude ver. Luego, mi padre murió en el exilio. Esta es una de las razones por la cual yo eché sobre mis hombros la responsabilidad y el compromiso, que cada día se hacen mayor dentro de mí. La distancia y el tiempo han aumentado el amor por Cuba y el compromiso con esta lucha. Y yo lo que quisiera es que en el futuro, mis hijos y mis nietos estuvieran tan orgullosos de mí, como yo lo he estado siempre de mi padre y de mi abuelo.

Horacio García
Empresario
Director, Consejo por la Libertad de Cuba
s/c: 26 de noviembre de 1960

Pese a los años de alejamiento y a las bárbaras transformaciones que le han impuesto, Cuba es el único territorio, propio y entrañable, de mi realidad. Más de una vez he dicho que habría querido nacer en un país que me hubiera aportado menos traumas y sufrimientos personales; pero uno no tiene más pasado que el que le tocó en suerte tener, y que debe asumirse si uno no quiere convertirse en un paria. En mi caso particular, ese pasado es Cuba, un país que no habría querido tener, pero que tengo y llevo en mí como la sangre.

Vicente Echerri
Escritor.
s/c: 7 de octubre de 1979

Nos conocimos un 27 de agosto de 1964. Quien me la presentó me dijo que era tan bella, colorida y esbelta gracias a un noble barbudo que bajó de la Sierra para hacer justicia. "¡Qué suerte la mía!" dije, "¡He nacido en la tierra más bella, con la revolución más justa, el líder más digno y un buen patrón que imitar! ¡Seremos como el Che!"

Comencé a crecer sin entender por qué en Cuba había gente tan mala que detestaba a Fidel. No me explicaba cómo había gente tan ignorante que en Cuba podía creer en Dios ¿Acaso no habían leído a Marx, Engel y Lenin? Bueno, para haber mundo tiene que haber de todo, pensaba yo.

Hasta que un día, como por arte de magia, dejé de jugar con mis amigos del barrio y comencé a escuchar a los Beatles, a Roberto Carlos y a la mayoría de los prohibidos en la radio. Había llegado a mi vida una amiga llamada adolescencia. Pero, no vino sola. La rebeldía, la inquietud, la inconformidad y el criterio propio le acompañaban. ¡Qué desastre! La rebeldía me llevó una noche a la cárcel, la inquietud hizo que comenzara a preguntar lo que me estaba prohibido saber, la inconformidad me obligó a creer que podía soñar con un futuro mejor y, para colmo, el criterio propio se empeñó en que Cuba no era lo mismo que revolución y patria no tenía nada que ver con socialismo.

Cuba sabe lo que vino después. Comencé a pedirle prestados sus cañaverales para esconderme de quien me obligaba a que hiciera un trabajo que llamaban voluntario. También me vio llorar de impotencia al descubrir que la oz y el martillo no eran tan buenos y que quienes criticaban, exigían y protestaban no eran tan malos. Solo Cuba sabe la vergüenza que sentí al descubrir que el único poema que conocía de memoria era una gran farsa. Cuba nunca me escuchó recitar aquello que decía: "Tengo, vamos a ver, tengo lo que tenía que tener".

De niño con suerte pasé a joven desposeído. Me robaron las playas de Varadero, el restaurante criollo, el hotel de la esquina. Pero, quizás, lo que más me dolió fue que también se llevaron mi sinceridad. A partir de entonces, comencé a fingir, marchar y aplaudir. Con la sinceridad también se fue mi sonrisa.

Mi desgracia hizo que comenzara a odiar a Cuba. La culpé por mi infelicidad. La creí cruel, injusta, egoísta y déspota. La salvación estaba lejos de ella. Dichosos los que lograban dejarla atrás. Y un día lo logré.

Querida Cuba: ¡Qué injusto he sido contigo! Te culpé, yo que preferí huir en vez de luchar para impedir que la maldad fuera tu dueña.

¿Qué puedo decirles a quienes me pregunten lo que significas para mí? Tus aguas, tu tierra, tu gente, tu calor, son imposibles de imitar.

Ni Marx, ni Lenin. Sólo Dios sabe cuánto te extraño. Para mí, no eres solo playas, sol y palmeras, eres mucho más que eso. Tú eres la tierra de donde sacó el guajiro la yuca para mi primer bocado de pan. En ti descansa mi madre, descansa mi abuelo, supongo que en paz.

Eres nuestra Cuba, la de todos los de allí, no importan donde estén. Eres nuestra patria y eso nadie nos lo podrá quitar. Aunque el odio, con su disfraz verde olivo se empeña en despojarnos de ti, tú sabes, como nadie, que nosotros somos tú y tú eres nosotros. Es así de simple: tú eres Cuba, y nosotros: cubanos.

Mario Vallejo
Periodista. Reportero Canal 23 - Univisión
Miami, Florida

La Cuba de hoy para mí es desgracia y dolor; es amargura, engaño, traición y más dolor. Cuba es violación, tiranía y más dolor, es hambre en tinieblas, de apagón en apagón. Es desesperación. Boinas rojas, tabacos, fusiles, misiles, mano dura, sangre, dictadura y más opresión. Cuba es comunismo, es muerte, es dolor; es risa, fiestas y aplausos para el opresor, es un grito de "hasta cuándo", para el valiente opositor.

Miriam de la Peña
Madre de Mario de la Peña, asesinado a los 24 años de edad,
en espacio aéreo internacional el 24 de febrero de 1996,
por la fuerza aérea castrista
s/c: 14 de agosto de 1962

La Isla que me vio nacer, Cuba, fue regalo de una naturaleza sin igual; valles, lomas, playas, clima, que yo disfruté. Mi Patria natal no puede ser sin los recuerdos de mis padres, de mi familia y de un pueblo que acariciaba la vida con alegría, amistad y entrega. Pero la historia de un pueblo bueno fue irrumpida por el Pueblo del Paredón. Mis raíces fueron divididas y yo me fui con aquellas del exilio. Allí nació para mí otra Patria, de luchas, sacrificios y de nostalgia, pero llena de paz y de libertad. Pero, otra vez, en el 96, treinta y cuatro años más tarde, los verdugos, hijos del Paredón, rompieron de nuevo mi paz y libertad naturalizada, esta vez fusilando extraterritorialmente a mi hijo querido.

Hoy, Cuba, mi patria natal, es un torbellino de irracionalidades, viva en el recuerdo de su belleza, pero muerta en su existencia humana.

Mario T. de la Peña
Padre de Mario de la Peña, asesinado a los 24 años de edad, en
espacio aéreo internacional el 24 de febrero de 1996,
por la fuerza aérea castrista.
s/c: 22 de febrero de 1962

Cuba es apenas cuatro letras, una palabra pequeña, como pequeña es la Isla que me trae a la memoria, y sobre todo al corazón...¡pequeña y tan grande! Cuba es mis recuerdos de infancia, de familia, de amigos de escuela. Cuba es sus playas, sus montes, sus palmeras y su sol. Cuba es su gente, sus sentimientos, su música y su alegría. Es la hermandad que surge en cualquier parte del mundo cuando oyes ese acento y esa forma de hablar. Es el orgullo que sientes cuando ves la bandera o la emoción que experimentas cuando cantan el himno nacional. Cuba es también nostalgia y dolor de desterrado al que le falta su brisa y su mar. Dolor de madre ausente y de promesa no cumplida. Conciencia de hermano esclavo y compromiso de hijo libre. Cuba es añoranza, pero también es rebeldía ante la injusticia y la opresión. Es la decisión de no rendirse aunque el mundo no lo entienda. Es el juramento hecho a uno mismo, de no descansar hasta encontrar su libertad.

Padre José Luis Menéndez
Pastor de la Parroquia Corpus Christi
s/c: 24 de septiembre de 1960

Cuba para mí es cuatro cosas:

Raíces: fue el país donde nací, lo cual me marcará por vida.

Memorias: ahí pasé la niñez, de la cual el tiempo ha borrado todo lo que no fue idílico.

Frustración: aún después de tantos años continúa mi *affair* con ella, sin que verdaderamente sea mía.

Cansancio: llevo ya toda una vida confrontando gente que sigue insistiendo en ponderar su sistema equívoco, simplemente porque les dio una patada por el culo a los americanos.

Luis Santeiro
Escritor. Productor
Creador de la Serie Televisiva ¿Qué Pasa USA?
s/c: agosto de 1960

Cuba means everything to me. Through my parents teachings and their love of Cuba, I have grown to care for her each day more.

God has been very good to me because of the career that I have chosen in the arts, I have been able to perform with some of the greatest singers, actors and celebrities Cuba ever had.

I have truly been a part of the history we Cubans have made for ourselves here in exile and my only dream is to someday soon be able to perform in a free and liberated Cuba.

¡Qué viva Cuba libre!

Ana Margo
Actriz. Productora. Directora
"Carmencita" – Serie Televisiva ¿Qué Pasa USA?
s/c: 23 de julio de 1961

Cuba es la novia que dejé y la que no tuve. También el mar, que ayuda a respirar a pleno amor y que a ciertas horas cubre de misterio la isla regando claves secretas sólo aptas para iniciados. Cuba es la luna que, indiscreta, acaricia tejados y ceibas, gatos y noctámbulos. Cuba es más, porque es coloquio de amantes que no necesitan conjugar los verbos. Hay mucho de música en su geografía y demasiado ensueño. Cuba está perdida en el laberinto de un amor no correspondido. También es el suspiro que un amante dejó escapar y sólo un beso lo puede salvar de la muerte.

Reinaldo Bragado
Escritor. Columnista del Diario las Américas
s/c: 1988

Cuba representa para mí el sueño de poder regresar después de tantos años en el exilio, el añorar cada día el Central Narcisa, municipio de Yaguajay en Las Villas. Hay días en que la tristeza me embarga al recordar mi casa, mis padres y mi único hermano, ya que los tres fallecieron y no pude verlos. En estos momentos siento que el corazón se me desborda de alegría solo con pensar que muy pronto mi Cuba tan querida será libre para siempre.

Zaira Borroto Hinojosa
s/c: 28 de julio de 1961

Hoy, muchos cubanos vivimos fuera de nuestra patria, gobernada por un dictador que manda y ordena como amo y señor, por la fuerza de las armas y la repetida ejecución por fusilamiento. Cuba es la patria de nuestros padres y aunque hoy vivimos fuera de ella, nunca dejaremos de recordar nuestros orígenes.

Carlos C. López Aguiar
Abogado
Director, Consejo por la Libertad de Cuba

Cuna de una infancia feliz, tierra abonada con blancas cenizas de progenitores puros; Patria abusada, manchada. Nadie puede quitarte tus alas de espumas en tus costas rocosas, ni el arrullo de tus palmas, ni la majestad tranquila de tus sierras desfloradas, ni pueden cambiar el alma de tus hijos que los malos separan en distancia y confusión, sin conseguir desunir en el amor. Dicen que mueres... déjame arrullarte y soñar que vuelves a ser.

Mariana Cancio
s/c: 2 de diciembre de 1961

Una obsesión. No es la tierra en que nacimos, no lo son sus paisajes, sus bellezas naturales, sus palmas, su música o su historia. Es mucho más que todo eso. Es el tormento de haberla tenido que abandonar, de haber tenido que empezar de nuevo desde "cero" en tierra extraña, con otro idioma, que a pesar de los años no se llega a dominar completamente porque ya éramos bien adultos cuando la dejamos; es la angustia callada y persistente que no la aparta de la mente, ni del corazón, que nos hace pensar en ella a toda hora, de noche y cuando dejamos la cama en la mañana, que todavía, a pesar de los años, nos estruja el alma hasta la lágrima cuando escuchamos nuestro himno nacional, y, aunque pensamos que esa Cuba de hoy no es vivible ya para la mayoría de nosotros, la seguiremos queriendo y añorando. De veras es una obsesión.

Nunzio Mainieri Fernández-Cueto
Médico. Pintor. Escultor. Escritor
s/c: 1966

Cuba es un himno, una bandera y, sobre todo, una isla llena de historia y de grandes hombres. Cuba es el niño Elián González, Jorge Mas Canosa, los cuatro pilotos de Hermanos al Rescate, los niños, las mujeres y los hombres del Remolcador 13 de marzo. Yo, como buen cubano y hombre agradecido, no tengo cómo pagar a esta nación lo que hicieron por mí, pero no dejo de reconocer que estoy en suelo prestado. Ni en un humilde apartamento de Hialeah, ni en una mansión de Cocoplum, voy a vivir como en mi casita de Caibarién, que hoy vive en el baúl de los recuerdos, donde tengo las pocas fotos de mi Cuba. Es la Cuba donde yo, por desgracia, solo pude vivir hasta la temprana edad de ocho años. Por eso, ni mis hijos ni mis nietos nunca podrán entender el por qué a veces cuando en una reunión de familia yo empiezo a hablar de Cuba, las lágrimas ruedan por mis mejillas. Más que cubano soy una pasión que camina. Ni el tiempo ni la distancia podrán cambiarme.

Mario Miranda
Relaciones Públicas Miccosukee Resort and Gaming
s/c: en balsa el 16 de abril de 1961

Ilusión rota, repentino vuelco, cruel más allá de la imaginación.

Todo quedó en Cuba, inocencia, sueños, lo amable, lo puro, lo que jamás se recupera.

Mi esperanza, mi espera... mi larga espera. Todo quedó allá.

Antonia Méndez
Compositora
s/c : Junio de 1966

Cuba es una lágrima perenne, un dolor profundo, un corazón rasgado por la distancia, un amor infinito que como una luz lejana me abraza y me alienta en este destierro de patria. Cuba es mis padres enterrados lejos de su tierra y un hijo nacido fuera de mi geografía. Cuba es amigos entrañables, conocidos a través del teléfono o cartas; y Cuba es también mis Ismaelillos de ambos lados del estrecho de la Florida, con sus corazones abiertos a la amistad, estrechándose las manos con amor por el futuro de la patria. Cuba vive en mis recuerdos, mi presente y en el anhelo del regreso.

Lucrecia U. Rodríguez
Maestra
s/c: 8 de septiembre de 1960

Salí de Cuba en agosto de 1961. Era muy joven y al salir pensaba que en poco tiempo iba a regresar. ¡Qué desilusión! Mientras más años pasan y mientras más mundo recorremos, más añoramos nuestra isla, nuestra gente y nuestras costumbres. Nos hemos acostumbrado a vivir lejos, adaptados a otros sistemas, hemos creado familias, establecido negocios y vínculos que nos amarran a una vida nueva, pero a pesar de todo eso, el amor por nuestra Cuba se intensifica cada vez más y nos sentimos más orgullosos de ser cubanos. Seguiremos siempre soñando con volver a la tierra que nos vio nacer.

Creo que la Cuba que guardamos en nuestra memoria nunca podrá ser reconstruida o igualada, pero, no obstante, aunque sea una Cuba diferente en muchos aspectos, seguirá siendo la misma Cuba, nuestra patria... con nuestra bandera, con nuestro himno... nuestras palmas y nuestro cielo... y a esa Cuba, Dios mediante, yo anhelo regresar algún día.

Carlos Oliva
Cantante. Compositor. Músico.
s/c: agosto de 1961

No importa donde mi cuerpo esté, mi alma siempre estará en Cuba. En la Cuba de mis abuelos, de mis padres, de mi familia, de mis amigos, de mi cuna, de mi infancia, de mi educación y formación. Esta Cuba, desde hace 44 años, se encuentra esclava, pero esta Cuba algún día, no muy lejano, volverá a ser libre y democrática y en esta Cuba, mi cuerpo se reunirá con mi alma nuevamente.

¡Viva Cuba Libre!

Mario J. Elgarresta
Consultor de Política Internacional

Yo pertenezco a una generación de cubanos que no tenemos derecho al descanso hasta que Cuba sea libre. Cuba es hoy, para mí, un nudo en la garganta, un dolor que oprime el pecho y que sólo alivio generando un raro dinamismo al realizar todo empeño que la honre. Sueño con recorrer sus calles, acariciar paredes que antes ignoré; caminar hasta el cansancio por veredas que nunca conocí; abrazar los presos liberados y rezar en las tumbas de nuestros mártires; pararme frente al mar y gritarle:

"¡Aquí está tu hija!"… vengo a compartir tus ruinas que son mis ruinas, a devolverte tu esplendor… a recorrer, a pie si fuera preciso, tu silueta de caimán dormido que bajo el sombrío cielo del exilio yo busco en la silueta desdibujada de esas nubes que desde tu cielo límpido nos regala el terral.

¡Cuba mía! …. ¡Patria mía! …. ¡Ya eres libre!

Mignon P. Medrano
Autora de "Todo lo dieron por Cuba", libro testimonio sobre el
presidio político de la mujer cubana.
s/c: 23 de noviembre de 1960

Cuba…. recuerdos inolvidables. El despertar con el canto de un gallo u oír Siboney, canción con la cual mi padre empezaba el día. Central Preston, Oriente, rodeado por la hermosa Bahía de Nipe. Una vida tranquila, apacible, esperar la puesta del sol para ir a pasear al parque. Todos nos conocíamos. Allí crecí. Era feliz. Nueve años presa política, sufriendo maltratos, humillaciones por malos cubanos. Siempre me preguntaba: ¿por qué?

Solamente quería que Cuba fuera libre del comunismo, librarnos de ese engendro del mal, que se apoderó de mi Patria para destruirla. Mi cuerpo estaba encerrado, pero no mi espíritu. Era libre, siempre pensando, aún con esperanza, en mi ideal de ver una Cuba libre.

Reina Peñate de Tito
Ex prisionera política – Causa 214
s/c: 17 de junio de 1970

Cuba para mí es más que la tierra donde nací, es la Madre Grande, la que fue refulgente, como la estrella de nuestra bandera, la que hoy al verla esclavizada y pisoteada por un puñado de apátridas, nos hace reafirmar los postulados de libertad de hace 44 años. Nuestra Madre Grande está en inminente peligro de muerte, solos sus mejores hijos podemos revivirla para que, como el ave Fénix, resurja de las cenizas y vuelva a brillar como lo que siempre fue: "la tierra más hermosa que ojos humanos vieron."

Alicia del Busto
Ex prisionera política
Cumplió una condena de 12 años
s/c: 20 de junio de 1979

Cuba representa para mí mis recuerdos, mi infancia, mis raíces y los cuarenta y cuatro años de comunismo brutal implantado por el régimen que impera en nuestra patria, así como sacrificio, cárcel y pérdida de mis familiares y mejores hermanos de lucha. Mi único anhelo será siempre volver a mi patria, con dignidad y decoro, pero a una patria libre, soberana, democrática y que Dios haga el resto con justicia para todos. Volveremos, sí, volveremos, pero nunca de rodillas. Todo esto está en mi alma como están las estrellas unidas al firmamento. Tengo la fe y la esperanza de poder verlo.

¡Viva Cuba libre !

Albertina O'Farrill
Ex prisionera política – Causa 204-65
s/c: 1979

Cuba es una novia que me espera bajo las palmas, para caminar juntos por sus playas, acariciados por la brisa. Es una novia que no duerme, esperándome para bailar un danzón bajo la luna. De esa Cuba me fui exiliado y regresé como combatiente de la Brigada 2506, como paracaidista. Fui capturado y encerrado, junto a más de 100 de mis compañeros, en una rastra hermética. La rastra de la muerte. Yo sobreviví, nueve murieron asfixiados. Allí juré que no descansaría hasta verla libre.

Juan J. González
Veterano Brigada 2506
s/c: diciembre de 1962

Cuando mi hijo nació en el 89, intenté pintar su cuna — que había sido la mía 27 años antes y la camita quedó que parecía cosa de Andy Warhol porque se acabó la pintura a medio camino. Cuando me despierto en medio de la noche aterrado, la pesadilla recurrente es que me han vuelto a expulsar de Radio Ciudad de La Habana, donde presentaba el programa *El Sonido de la Ciudad*. Cuando estoy felicísimo en Madrid o en Nueva York, — que son los sitios donde siempre me gusta perderme — suele nublarme, aunque sea momentáneamente, el pensar que los demás están empantanados en la isla...

Lo que intento decir ahora que estoy en la sala de redacción y asido a dos monitores con imágenes de Bagdad en vivo, es que todavía hoy, siete años después de mi llegada a Miami, Cuba sigue doliendo. Y hay días en que duele más, a tal punto que manejando por la calle Sheridan de Broward, he llegado a sentir el olor a brea del puerto o el sonido inconfundible de los barcos vociferando cuando entran por la bahía de La Habana.

Y en ocasiones, las poquísimas ocasiones en que me siento en el portal de mi nueva casa, presiento que alguien va a pasar y decir: "adiós Camilo", como solían saludar los vecinos en la casa de la familia en El Cotorro, pero yo vivo en un barrio de puros viejitos gringos retirados que andan tan atareados con sus vejeces que apenas saludan. Sin embargo, algo ha comenzado a suceder como quien no quiere la cosa y se los voy a confesar, solo si me guardan el secreto: cada vez que estoy regresando a Miami y el avión sobrevuelo la playa o esas marismas interminables y tristonas que son los Everglades, siento algo muy parecido a lo que sentía cuando era un vejigo y el Chevrolet de mi tío Roberto doblaba a la izquierda y yo veía a los locos irremediables del asilo, habíamos llegado una vez más al Cotorro, a la finca, así le decíamos a la casa de tía Pancha y Rogelio, que no pasaba de ser eso, una casa y punto — nada de finca — Y el pequeño Camilo sabía que tenía por delante otro domingo en el paraíso... hasta que me expulsaron y me expulsé yo mismo, que no es lo mismo pero es igual. En fin, que siete años después, esta ciudad de Miami, casi sin quererlo yo ni ella, se ha convertido en la segunda casa cubana, solo que dentro vive Diego que a los 13 años habla inglés mejor que Bush y Tony Blair, pero adora el arroz y los frijoles negros y puede parecerles una tontería, pero eso me hace más feliz que una lombriz.

José Camilo Egaña
Periodista
Presentador del Noticiero de WSCV — Canal 51 Telemundo
s/c: agosto de 1996

Dios, mi familia y Cuba son la esencia de mi vida. Siempre fui feliz en ella; al cubano no le interesaba emigrar. Su desarrollo económico y leyes sociales estaban entre los primeros lugares del mundo, hasta que llegó el demagogo criminal y la destruyó física y espiritualmente. El comunismo ha dividido la familia. A los niños les ha enseñado doctrinas de odio, incitando a las jovencitas a la prostitución. Seguiré luchando por los principios de libertad y justicia, hasta que el Señor me lo permita. Prefiero una muerte digna, antes que negociar con los verdugos de nuestro pueblo.

Ernestino Abreu Horta
Ingeniero
s/c: 13 de junio de 1961
A los 74 años, el 16 de mayo de 1998, regresó a Cuba a realizar una misión patriótica. Cumplió 3 años de prisión.

Cuba para mí fue, es y seguirá siendo una sola palabra de cuatro letras: todo. Entregué mi juventud por la lucha contra el castrocomunismo y después de más de 12 años de prisión logré salir de mi país en diciembre de 1974. Es mi tierra, mi pedazo de mundo el cual no hubiese abandonado jamás. Por desgracia para todos, los de aquí y los de allá, de nuestra preciosa isla solamente recogeremos el polvo y las cenizas. Si es que aun estamos vivos cuando los Castro abandonen el poder o se mueran, tendríamos que construir otra Cuba, pues de la que nos arrebataron solo quedan las rocas del subsuelo.

Margot Rosselló
Ex prisionera política
Cumplió una condena de 12 años

Cuba es para mí un sentimiento de raíces muy profundas. La isla de Cuba es el lugar donde nacieron mis padres, pero nunca tuvieron la oportunidad de guardar grandes recuerdos de su tierra natal.

Me siento muy cerca a mis raíces cubanas, aunque jamás he puesto pie en esa tierra. Esta relación que siento con Cuba se debe a la pasión que mis padres me inculcaron desde mi nacimiento. Cuba significa mucho para mí, ella representa la esperanza para que los cubanos que aún viven en la isla puedan algún día gozar del privilegio de vivir en una sociedad libre, igual que yo. Este es un derecho que todo ser humano en la tierra debe tener.

Christina Llama-Castellanos
Nacida en Miami

El destierro fue la frontera de mi infancia, he limosneado inútilmente el mendrugo de pertenecer.

Extranjera en todas partes, Transito con el salvoconducto del orgullo y de la rabia.

Cuba es mi pena portátil.

Marisela Verena
Cantante. Compositora
s/c: Julio 1, 1962

Me duele Cuba todos los días. Para mí es más que el suelo que me vio nacer, donde reí, lloré y luché. Donde muchos compañeros de ideales están sepultados aún, bajo un cielo preñado de odios, rencores e incertidumbres. Cuba es para mí recuerdo y nostalgia. Es el sueño de todas las noches y un despertar con las manos vacías de mi tierra. Es el campanario de mi iglesia, el parque de mi pueblo viejo. El recuerdo de mi primer amor y de mis primeros empeños para romper cadenas. Por eso, siempre la tengo presente. No importan los años de ausencia, que ya son muchos. Por eso, me duele Cuba y me duele todos los días.

Rafael Orizondo
Periodista
Reportero Canal 23 – Miami
s/c: septiembre de 1961

En uno de mis poemas me refiero a Cuba como "el paraíso de la infancia", pues guardo gratos recuerdos de los 21 años que viví allí. En ese paraíso había seres maravillosos a los que nunca olvidaré. Consuelo, una especie de tía-abuela que reía y sufría por mí y tenía un alma blanca como la nieve y la piel negra. Ela, una excelente cocinera a quien queríamos como si fuera un miembro más de la familia. Otro ser extraordinario era Eusebita, mi vecina y adorada maestra de piano que con dedicación siguió impartiéndome clases semanalmente, a pesar de habernos mudado muy lejos. Las tres, Consuelo, Ela y Eusebia, son personajes de mis cuentos en los que mi fantasía ha tratado de recrear momentos inolvidables en el paraíso de la infancia. Otros muy queridos personajes que iluminaron el edén de mi juventud, mis adorados padres y familiares, mis profesores, mis primeros amores y mis inolvidables amistades juveniles. Al pensar en ellos, los siento a todos cerca, jóvenes y vibrantes como entonces...

Mas, Cuba no es solo un recuerdo paradisíaco, está ahí, existe todavía con su cielo azul que se borda de estrellas cuando llega la noche y con su brisa marina que impulsa las olas contra el muro del malecón. Cuba, con sus criaturas, sus altas palmeras y sus verdes campos; sus ríos, sus montes y sus llanos. En fin, que no es un sueño inalcanzable el paraíso de la infancia que aún recreo en mi memoria, a pesar del tiempo y la distancia.

Ofelia Martín Hudson, Ph.D.
Profesora Universitaria. Escritora.
s/c: 1960

El ser humano nace en un lugar determinado. Ese lugar es su patria. Mi patria se llama Cuba. Allí respiré el aire de nuestra atmósfera. Allí corrí por sus calles, salté por las traviesas de una línea de trenes, pesqué gusarapos en una zanja abandonada, estudié, aprendí, llegué a ser médico. Con los años uno va integrando sus vivencias, las cuales nos van haciendo comprender que en nuestro interior ha surgido un sentimiento único, el cual va a situarse entre las circunvalaciones del cerebro, de donde jamás podrá ser removido. Ese sentimiento se llama patria — se llama Cuba. Una ilusión perpetua repleta de palmas y de sueños y de amores que nacieron y crecieron. Por todo esto, mi alma se llama Cuba. Cuba es el alma mía.

Alberto Fibla
Médico
Ex preso político. Cumplió condena de 26 años.

Cuba para mí es "mi tierra": frutas, palmas, montañas, sol, mar, canto, familia, amistades, valores, tradiciones, cordialidad, sangre, dolor, alegrías, recuerdos, esperanzas, ilusiones. Es la ilusión, desde el país generoso que nos acogió, de que llegará un día en que nuestros hijos, nietos y las futuras generaciones, ahora a ambos lados del mar, podrán vivir en libertad, justicia, respeto y armonía en esa Patria, que tanta felicidad nos dio. Es esa

Patria inigualable donde Dios derramó todos sus dones y que llevo dentro de mi ser y en la que pienso todos los días de mi vida. Eso es Cuba.

Tania Rosa Álvarez
s/c: 20 de agosto de 1980

Miedo, aventura, esperanza, dolor, desengaño, trabajo, más esperanza, traición, más trabajo, amor y, de nuevo, esperanza de ver a mi patria libre y soberana algún día. Soñar con pisar una Cuba libre antes de morir.

Joaquín J. Novoa
Dentista

Cuba es mi lugar en el mundo. Me veo en una foto a los de cinco años de edad. Una niña feliz con enorme lazo en la cabeza entre sus dos abuelos. Era un mundo seguro lleno de paz y armonía. El año 1959 lo cambia todo. Cubano contra cubano, gritos de ¡paredón! Me veo detenida y encarcelada. Un capitán revolucionario llamado Aldo Vera me golpea la cara. Luego, el exilio junto a mi hija, mis padres y demás familiares. Mi hermano Sergio se marcha rumbo a los campamentos de entrenamiento para participar en la invasión de Bahía de Cochinos y yo me veo entrenándome en Miami para asistir como enfermera que no soy. Pero Cuba es una madre que nos necesita y eso basta para cualquier sacrificio. Hoy somos sus hijos regados por el mundo, pero hijos ansiosos del reencuentro con esa madre que nos dice desde la distancia: "ésta es tu casa, este tu lugar en el mundo".

Adolfina Castellón
s/c: 13 de abril de 1959

56 años tenías de haber nacido bajo el signo de Tauro. Tus hijos eran laboriosos, simpáticos, muy sensuales y ardientes. Alguna que otra dolencia como toda criatura viviente, pero crecías, avanzabas, destacabas entre tus hermanas. Eras única. El extranjero que te conocía caía en tus redes de manera inexorable y te hacía suya y te amaba para siempre.

Me viste nacer, crecer, educarme y también disfrutarte plenamente. En las noches te desdoblabas majestuosa, erguida en un frenesí de luces, de boleros, de son y guaguancó. Hoy vistes de negro por una bestia que te oprime. Sufren tú y tus hijos, los que como yo te adoran y no se resignan a saberte lejos y viven sólo para regresar, para volver a tenerte, Cuba mía.

María Luisa Morales
Periodista. Locutora
s/c: 30 de marzo de 1993

Cuba está conmigo, donde quiera que yo esté porque Cuba está en mi corazón. Cuba es el ideal de mi esposo, el Capitán José Alberto Crespo Grasso, derribado en combate durante la invasión de Girón, dispuesto a dar su vida por verla libre. Fui a Guatemala, donde él se entrenó para ver con mis ojos, el último lugar donde él estuvo. Allí fundé un hogar de niños huérfanos, porque encontré en ellos, los rostros de los niños de mi querida Cuba, donde yo no podía regresar. Y aquí desde la lejanía mantengo vivo el sueño que su alma estará junto a mí el día que pise de nuevo una Cuba libre y democrática como él la soñó.

Leonor Portela
Misioneros del Camino
Sumpango, Sacatepeques
Guatemala

Cuba es un espejismo intangible que a diario sueño. Es como el viento, que siento fuertemente, pero que no lo puedo ver ni tocar. Es mi patria, la que no puedo tener. Confieso que en los 43 años vividos en Estados Unidos, he querido adaptarme y olvidar, pero no he podido. Quizás los años me han hecho más sentimental y con el paso del tiempo más añoro vivir en una Cuba democrática. Allí viví mi mejor época, mi juventud. Era parte de un pueblo que no supimos valorar con la intensidad que merecía lo que a diario nos regalaba nuestra querida isla y combato mi nostalgia con recuerdos. No he encontrado sustituto al cielo cubano, a sus palmas, a su mar y a su gente. Cuba vive en mí. Quizás es el primer pensamiento de cada mañana, es un sentimiento que ocasionalmente se materializa en una lágrima cuando veo noticias y reportajes de Cuba. Quisiera, antes de morir, regresar a una Cuba libre con mi hijo y mis nietas y enseñarles por qué la nombraron: la tierra más hermosa que ojos humanos hayan visto.

Julio González-Rebull Sr.
Publicitario
Miembro de la Brigada 2506

Cuba representa la tierra donde nací, donde me inculcaron sentimientos y costumbres que a pesar de tantos años no se han borrado. Cuba es el recuerdo lejano de la partida, creyendo que la ida era temporal y sin saber que ése era el último día que vería a mi padre. Cuba es el sentimiento profundo de no poder renunciar a ella, aun cuando me lo pidieron. Es sentir un nudo en la garganta, es no poder aguantar las lagrimas cuando escucho el himno nacional. Cuba para mí se refleja en las palabras de José Martí: "No hay cubanos malos, ni cubanos buenos, lo malo es no ser cubano".

Madeline Rodríguez
s/c: 5 de junio de 1959

Adolescencia tronchada. Melancolía. Vivir entre dos culturas. Recuerdos gratos de Puerto Boniato cuando era un hermoso mirador y no la prisión donde estuvo confinado mi padre. Cuba es hoy un sueño lejano, espero que pronto sea una realidad.

Ulises Calzado
Productor WQBA 1140

"Cuba duele", le oí decir una vez a la periodista Gina Montaner, y creo firmemente que este sentimiento está arraigado en todos los cubanos, los de aquí y los de allá. Soy uno de los 14,000 niños que viajamos solos a los Estados Unidos, sin pensar en el futuro incierto, porque entonces respondíamos a las órdenes de nuestros padres, sin cuestionamiento, aunque ya había cumplido 16 años cuando salí el 4 de abril de 1962.

Esperé inútilmente que se acabara el "castigo" para volver a mi casa mientras mi madre me escribía:

Te esperan aquí ansiosos el sol de la mañana,
Los gorriones, la tarde, las rosas y el jazmín,
y todas esas cosas que parecen tan vanas
y que en el fondo tienen la esencia del vivir.
La noche, las estrellas, la luna y el rocío,
la baranda cuajada de madreselva en flor,
la luz, el aire, tus canciones, el río
y todo lo que habla de ti y de tu amor.

Cuarenta años más tarde siento la misma ansiedad de volver a mi casa y deleitarme con todo lo que me espera....

Marilyn Sánchez de Borroto
s/c: 4 de abril de 1962

Cuba es para mí, mi Habana, por su malecón, sus calles estrechas adoquinadas, sus arcos de medio punto, sus vitrales y mamparas, su azul dulce como la guanábana, por el cañonazo de las 9, por el pito del barco en la madrugada sentado delante de la puerta de un solar, viendo pasar aquella mulata que se mueve más que el penacho de una palma, sus papalotes, la ruta 22, — "Pasito alante varón". Mi Habana es mi inspiración, ella pasa por mis venas y fluye en mi pincel cotidiano.

Agustín Gaínza
Pintor
s/c: 1979

Un día tuve que irme al exilio, pero Cuba vino conmigo. Ella palpita en mi corazón; vive en mi alma; vibra en mis recuerdos y duele en mis entrañas. Cuba es más que un país al que debemos nuestra nacionalidad. Ser cubano es ser parte de una identidad, de una historia, de una familia, de una cultura, de unas tradiciones, de unos valores, de una tierra. Cuba es más que una hermosa isla rodeada por un inmenso mar, donde se mecen las palmas bajo el cielo tropical. Cuba es para mi, presencia y conciencia constante. Es la Cuba que me define como característica principal, se integran vivencias de mi niñez y adolescencia, añoranzas de los padres y familiares que ya no están; sacrificios por aportar, sueños por realizar y metas por las cuales luchar. Me fui de Cuba el 8 de octubre de 1960 a la edad de 15 años. Con lágrimas en los ojos, cuando el avión despegaba y atrás quedaba todo lo que había sido mi vida hasta entonces, no le dije adiós a mi Patria, sino hasta luego. Desde entonces, con la ayuda de Dios, camino rumbo a ese día en que radiante de felicidad pueda volver a pisar mi suelo cubano en plena libertad.

Sylvia G. Iriondo
Presidenta
Madres Contra la Represión (MAR)
Sobreviviente del ataque perpetrado contra las avionetas de
Hermanos al Rescate en 1996

Aunque he residido más tiempo en el destierro que en la Cuba mía, no he dejado de vivir en ella. Cuba es el Cerro, Almendares, Cotorro... amaneceres increíbles, canto de sinsontes... la Víbora, Reparto Sevillano... Club Náutico, Instituto Edison, el Vedado... Viñales... trinos de tomeguines, atardeceres espectaculares... La Rampa, Varadero... Soroa... tinajones camagüeyanos... el Cobre... campo, Wajay... gracias Papi.

Vivencias que sólo me dejan existir transitoriamente fuera de ella. Esa es la Cuba que nos llena de nostalgia, la que nos compromete al sacrificio, la que nos hace sentir culpables por no haber hecho suficiente por acabar con algo que nunca debió ser. Es como una madre que sufre, como una novia que espera. Una hija víctima de brutal agresión que aguarda auxilio, y aunque maltratada y mal herida... sigue siendo bella, única, entrañable. Su litoral, bañado de sangre... imagen imborrable. Cuba es Carlitos, es Mario, es Pablito, es Armando... y muchos, muchos más.

Arnaldo Iglesias
Sobreviviente del ataque perpetrado contra lus avionetas de
Hermanos al Rescate en 1996
s/c: agosto 1960

Cuba es mi alma.

Rosi Gónzalez
Charlotte, North Carolina

Cuba es la tierra que acarició mis pies descalzos de niña al correr en sus playas. Es tierra santa donde cayó la sangre de mi hermano Rafael García, quien a pesar de haber sido probada su inocencia, fue asesinado por ordenes del Che Guevara ante el paredón de fusilamiento de La Cabaña en aquel año terrible en el que la justicia se fugó para dar comienzo a la dictadura de Fidel Castro. Es la tierra por la cual mi esposo Paco Menéndez regresó a luchar por su libertad como miembro de la gloriosa Brigada 2506 y cumplió prisión. Cuba es tierra por la que pido a Dios a diario para que ablande los corazones de tantos victimarios para que algún día pidan perdón, a pesar de que ya las víctimas hemos aprendido a perdonar.

Margot Menéndez
s/c 1959

Amo a mi patria, a mi Cuba, no porque sea grande, sino porque es mía. Y es que de Cuba guardo los recuerdos de mi infancia, las experiencias de mi adolescencia y la enorme tristeza de haberla dejado cuando ella más me necesitaba. Todo el que ame a su patria tiene el sagrado deber, llegado el momento, de defenderla aunque el costo sea su propia vida. Si hubiera abandonado a mi Cuba cuando era libre y triunfante, hubiera estado justificado. Pero, amenazada, destrozada y oprimida nunca la debí dejar. Se le salva o se muere por ella.

Mario G. Palacio
Publicitario
s/c: 15 de octubre de 1960

Siempre he escuchado decir que Cuba es la patria. Yo prefiero la palabra madre. A la madre hay que quererla y cuidarla, y la separación definitiva de una madre y de un hijo es uno de los dolores más fuertes que existen. Es ahí precisamente donde radica la tragedia cubana, a nivel nacional y personal: la división y destrucción de la familia cubana. Ese reencuentro con nuestro hogar materno, con Cuba, que tendrá que venir, tiene que ser como un abrazo a una madre, lleno de amor y vida.

Kevin Turacido
Maestro
Nacido en los Estados Unidos

Tal vez por ser un cubano de muchos años tenga algún valor lo que pueda responder, pues haber vivido tanto, nos hace valorar todas las cosas que Dios nos ha dado y agradecer al creador el que naciera "en la tierra más hermosa que ojos humanos hayan visto". Esta es la primera razón por la que pienso que "Cuba para mí lo es todo". Cuba me dio los padres más maravillosos del mundo. Me dio cuatro hermanos como si los hubiera escogido entre todos los cubanos, pues cada uno de ellos haría sentirse orgulloso a cualquier persona. Esta es la otra razón que me hace pensar lo que le debo a Cuba y lo que significa para mí.

El haber crecido contemplando los paisajes estupendos de mi Cuba, que ningún pintor podría igualar o mejorar. Esta es otra de las razones de lo que es Cuba para mí, y van tres. Mis maestros cubanos fueron forjadores de la educación e instrucción a los que debo, en gran parte, la forma en que valoro a mi patria, pues ellos son los mismos que formaron a Martí, Maceo, Carlos Manuel de Céspedes, Agramonte, forjadores de la libertad de Cuba. Esta es la otra razón, y van cuatro, por la que Cuba para mí es todo. El poeta Juan Nápoles Fajardo (Cucalambé) en sus famosas décimas nos destaca con su verbo estupendo todo lo que es Cuba y nos hace quererla más. Si tuviera que escoger dónde nacer de nuevo, claro está que sería en Cuba, pero exactamente en Pinar del Río, en Paso Real de San Diego, pues allí vi la luz por vez primera. Esta es la otra razón por la cual valoro a Cuba.

Y para completar este testimonio, la mujer de mi vida, que me ha dado cuatro hijos, de los cuales me siento orgulloso también, me la dio Cuba. Otra de las mil razones por las que digo "Cuba para mí es todo".

Carlos Manuel Brito Burón
Escultor
Fundador de la Escuela Brito en La Habana

Para mí, Cuba es el más dulce e indeleble recuerdo de la niñez: los sonidos y olores de los campos cañeros, las memorias de aquellos días de disfrute en los patios de la casona, días tan llenos de alegría y de singular belleza natural, que tal parece que existieron con el único fin de desaparecer. Y la pérdida de todo aquello, para nosotros, para los cubano-americanos de nuestra generación, que fuimos arrancados del mundo en que dormíamos, y que, sin previo aviso ni preparación, fuimos llevados por el aire hacia un mundo desconocido. Igual que para todos los demás niños, como los Pedro Pan, que despertaron una mañana al otro lado del Estrecho de la Florida sin sus padres. La transición fue tan súbita y la pérdida de la inocencia tan abrupta, que ese vuelo permanecerá para siempre en nuestra memoria como la expulsión del paraíso.

Este sentimiento traté de expresarlo en mi novela "La Travesía Solitaria de Juan Cabrera".

J. Joaquín Fraxedas
Abogado. Escritor
Orlando, Florida
s/c: octubre de 1960

Cuba representa...

Mi pasado: allí nacieron y murieron mis padres; nació y murió mi marido; nací yo, mis hermanos y mis hijos. Amé. Fui feliz. Sufrí.

Mi presente: porque soñando recorro sus calles, me baño en sus playas, me acaricia su brisa, aspiro el perfume de mariposas, picualas y jazmines.

Mi futuro: porque regresaré con mis hijos y mis nietos, y visitaremos lo que un día fue nuestro hogar. Y, quizás, encontremos un recuerdo del pasado: una muñeca que perteneció a mis hijas, la rueda oxidada de una bicicleta, o, al menos, el árbol que un día sembramos en el jardín. Después, podré morir en paz.

Teresa Cueto Vda. de Fraxedas
Maestra
s/c: octubre de 1960

Cuba... tú no me conoces pero yo sé todo de ti. Soy hija de padres que tuvieron de repente que abandonarlo todo. Una niña que por circunstancias inesperadas nació fuera de ti.

Por eso, no tengo nada concreto con qué formar una imagen de ti. Sólo me alimenta una débil imaginación que es algo como un rompecabeza con fragmentos de palmas, gente, cielo, pájaros, y sol. ¡Odio los rompecabezas!

Hubiese sido mejor nunca escuchar tu nombre.

Porque el saber que continúas siendo sin tenerme en cuenta me llena de ira y celo. Odio el sol que es cómplice en tu belleza y que, sin falta, tu horizonte acaricia. Odio ese cielo egoísta que a diario se cierne sobre ti. Odio los malditos pájaros que libremente viajan errantes. ¡Malditos todos! No quiero que existas tan bella sin mí... y punto.

¡Cierra tus mares! No dejes que se bañen en ti aquellos con manos sucias. ¡Apaga el sol! Para que las cucarachas anden en su ambiente. ¡Espanta a los pájaros! ¡Descarta tus adornos! No quiero saber de ti más sin mí. No más fotografias, ni videos, no más películas ni cuentos. No quiero seguir colocando pedazos inútilmente en este barato rompecabeza que le faltan piezas.

Espero el día en que se convierta lo etéreo en real. Exploraré con mis palmas abiertas cada piedra, árbol y mar. Me bañaré en tu arena, fango y sal. Caminaré descalza sin rumbo hasta sangrar. No dormiré, no cerraré los ojos jamás... se me secarán y de nuevo mojados de lágrimas seguiré. Correré por tus calles gritando, llorando "¡Cuba, estoy aquí... por fin estoy aquí!" Hablaré con esos pájaros que con sabiduría extraordinaria escogieron su hogar, me acostaré bajo ese cielo genial y pasaré un día completo bajo tu amigo el sol escuchando secretos de ti.

Así que, está bien Cuba, brilla... brilla como siempre, brilla sin mí, te perdono. Espérame que te espero... y recuerda que mientras aguardo, mis sueños los inundas tú.

Mónica Méndez
Compositora
Nacida en los Estados Unidos

123

Cuba para mi representa el lugar querido de comienzos y raíces.

Fue allí donde nací, donde aprendí a amar a mis dos grandes amores: mi familia y mi fe. En Cuba recibí las bases de la educación, lo mismo en la casa como en el colegio. Fue allí que conocí a Nuestro Señor Jesucristo y a su santísima Madre. Allí también fue donde aprendí a hablar, leer y escribir español. Allí está el origen de muchos frutos que germinarían a lo largo de la vida en otra tierra, también tan querida. Pero, aunque el árbol de la vida haya crecido en otra tierra, las raíces que lo alimentan siguen siendo cubanas, aunque la edificación de los logros en la vida sea en otras partes, los cimientos que la sostienen, siguen siendo cubanos y por donde sea que nos lleven los caminos de la vida, sus comienzos fueron en Cuba

Padre Jorge I. Perales
Ordenado sacerdote en 1978 catedral de St. Mary, Miami, Fl.
s/c: 25 de julio de 1961

Cuba para mí significa la esperanza del futuro y el dolor del pasado. Es una mezcla de sentimientos encontrados, donde quisiera estar y a la vez no regresar. Es mi isla de cielo azul, pero, a la vez, la inmensa cárcel con colores lúgubres donde tuve que vivir. Es tierra con sabor a rumba, pero con llanto amargo de los que no tienen motivos para reír. Esa es mi Cuba, la que dejé hace tan poco que pareciera ayer, diciendo adiós a los míos, a los que quedaron sin voz para expresar lo que sienten, a los que quedaron habiéndose expresado, pero detrás de las rejas de una inmunda prisión.

Iliana Curra
Ex prisionera política
Cumplió condena de tres años.
s/c: 19 de agosto de 1997

Cuba es la esencia de mi vida. De quién soy como persona. Es la *"tierra firme"* de mis recuerdos. Lo que le da cohesión y fortaleza a mi existencia. Y sin duda es lo más *sólido* que tengo. Cuba es la ternura y curiosidad de mi madre, quien me enseñó a amar La Habana. Y Cuba es mi padre, quien me enseñó a amar al campo a lo largo de infinitos viajes al Valle de Viñales. Y Cuba es *la familia*, que tan feliz me hacía y después fue a parar a varias partes del mundo — viviendo separados hasta el día de hoy.

Quiero mucho a los Estados Unidos y muchos aspectos de mi personalidad se desarrollaron viviendo en Nueva York —pero Cuba sigue siendo mi obsesión— y he criado a mi neoyorquina-cubana hija Mari-Claudia compartiendo con ella uno y cada uno de mis recuerdos. Igual que las anécdotas más mínimas de mi niñez y mi adolescencia, incluyendo los malos recuerdos de los años que viví bajo la dictadura castrista. ¡Y se los conoce mejor que yo!...No sé si es una desgracia o una bendición tener a Cuba tan presente. Pero así es y no puedo cambiar la marca que Cuba me dejó en mi alma. Lo que más deseo en el mundo es poder volver a Cuba y enseñarle a mi hija todo lo que le he estado contando por 25 años.

Mari Rodríguez Ichaso
Cineasta y escritora cubana radicada en Nueva York.
s/c: 1963

Cuba es una juventud inolvidable que me unió a mi esposa Cari con la cual permanecí 44 años hasta su muerte. Es el grato recuerdo que nos unió en momentos difíciles. Es el paso al frente cuando llama el deber. Por defenderla desembarque en Girón, cumplí prisión y fui parte de una gesta gloriosa protagonizada por hombres que salimos a defenderla cuando comenzaron a llenarse las prisiones y a correr la sangre de nuestros hermanos por los paredones. El compromiso sigue, el sueño de verla libre no muere. Lo traspaso a mis hijas y nietos, lo atesoro en mi corazón.

Francisco Pérez Padrón
s/c 22 de mayo de 1959

Cuba, para mí, es un árbol solitario que ha sido talado con rabia y odio por sus peores hijos, herido y desgajado retoña siempre, porque sus raíces son profundas y fuertes. Todos los cubanos somos parte de sus frutos, hojas y ramas. Algunos llegan a alcanzar sus raíces y allí permanecer. Otros llegan al tronco, algunos se quedan en el follaje y muchos, secos y cortados servimos de abono fértil para que el Árbol Sagrado de la Patria siga creciendo siempre.

Alfredo Pong
Caricaturista

Cuba significa para mí, entre otras muchas cosas, la cuna de mis antepasados. Nacido en Sancti Spiritus, siento mis raíces en lo más profundo de mi tierra. Toda mi existencia he vivido para mi arte y, en mi frustración de tener que salir al exilio, resolví que mi manera de hacer patria sería honrándola con mi arte. De esa forma, entre otras muchas obras, en la escultura de José Martí en el Instituto San Carlos, el Aguila Bicentenaria recibida en la Casa Blanca y hasta el monumento de 53 pies de altura del puente de Brickell Avenue, he dejado plasmado mi orgullo de ser cubano.

Manuel Carbonell
Escultor.
El último de los maestros escultores cubanos.
s/c: 25 de junio de 1959

Yo nunca he vuelto a Cuba, ha dicho alguien,
Yo sí he vuelto, señores, yo sí vuelvo,
escuchando una danza de Cervantes,
tarareando un viejísimo bolero.
Porque Cuba se ha vuelto — como el aire —
un puñado de voces, un concierto.
Porque Cuba se lleva a todas partes,
porque a Cuba se vuelve en cualquier sueño.
Basta oír una canción

para regresar a Cuba,
Cuba está a mi alrededor,
es un acorde de sol,
Cuba es su música.
Cuba está en cualquier lugar,
y al estar en dondequiera,
se puede visitar
a cualquier lado del mar
Y aún en tierra extranjera.

Fragmentos.
Canción compuesta por Mara y Orlando

Mara González Rauchmann
Orlando González Esteva
Compositores. Músicos

Cuba representa para mí el compendio de toda mi vida. Allí nací, crecí, disfruté de las alegrías de mi niñez y las ilusiones de mi juventud. Desde muy niña me interesó su historia y aprendí a conocer y respetar las hazañas de nuestros héroes y los sufrimientos de nuestros mártires. Allí admiré sus bellezas naturales: el impresionante valle de Viñales, el pintoresco valle de Yumurí, la incomparable playa de Varadero. Un día le dije adiós, por las causas que todos conocemos, llevando en el alma el recuerdo de aquella isla tan querida y tan infeliz donde tanto reí, amé y cuanto sufrí, dejando atrás familias y amigos, vivos y muertos.

¡Bendita sea Cuba, mi patria querida!

Olimpia Rosainz Vda. de Recio
Maestra
s/c: 1991

The mystical paradise lost, I've never gotten to behold. As my parents were driven out of their ancestral home. Although my eyes behold do not, my soul knows that Cuba I must reconstruct. Cubans I know well, like the Royal Palm standing tall, proud and strong, they survive and grow beyond. The shores of confinement, a living hell, here in exile, they continue arriving for 40+ years. A steady stream of blood, a steady stream of tears, standing proud, standing strong, always rebuilding family bonds. Struggling for freedom. We are not alone. God is with us, as we continue on. Don't worry Cuba, it won't be long.

Georgina Zayas-Marrero
Nacida en Miami, Florida

A veces sueño tanto con mi regreso a Cuba que me duele físicamente el corazón. Les comentaba a mis hijos que el día que volviera, me iba a sentar frente al mar, meter mis dos manos en tierra cubana y dejarlas allí por horas, para ver si podía borrar los años y las añoranzas. Caminaré por cada pueblo de mi Isla... y nadie ni nada me arrancarán de allí. Hace unos años leí la historia de un valiente soldado japonés que seguía internado en la selva de su país, sin saber que la guerra ya había acabado. Cuando le dijeron al viejito que ya podía irse a casa, contestó que solamente rendiría sus armas ante su emperador. Me parezco un poco al viejo soldado. En esta selva de incomprensión, solamente volveré a mi patria y rendiré mis armas ante el primer presidente electo de la nueva República de Cuba.

Alina Fernández de Garrido
Activista
Miembro de Madres Contra la Represión (MAR)
s/c: 6 de noviembre de 1960

Para mí Cuba representa la madre amada, por la cual uno está dispuesto a dar su vida por defenderla, por ver sus hijos sonreír, caminar por las calles sin miedo, expresar libremente lo que sienten, poder ver la Madre Patria sin tener que pedir permiso, luchar por ver sus hijos sin necesidad de prostituirse. Cuba representa mi vida, por lo que al verla oprimida, humillada, desangrándose, es que estoy obligado a luchar sin descanso, cueste lo que me cueste, por quitarle el yugo que la oprime.

Alberto L. Cartaya
Profesor
Ontario, Canadá
s/c: 24 de agosto de 1981

Cuba es mi patria. De ahí soy. De ahí son mis recuerdos. Allí está mi alma. Cuba es un sueño por el que fui arrestada en múltiples ocasiones. Cuba es verme tras las rejas acosada por carceleros y llegar a decirles: "¡Mátenme!" ¡Mi deseo de ver a Cuba libre no morirá! Cuba es el miedo que como mujer sentí al integrarme al movimiento opositor, pero es lo que me da la fuerza para cumplir con el compromiso de seguir adelante.

Angela Herrera
Fundadora del Movimiento Maceista por la Dignidad

Cuba fue para mí, actos de repudio, detenciones arbitrarias y violaciones de mis derechos ciudadanos. Me tuve que enfrentar, con mi pequeña hija en brazos, a una turba castrista dispuesta a agredirme por el simple hecho de querer defender los derechos de mi pueblo. Cuba es el orgullo de haber sido una de las primeras periodistas independientes y haber podido captar en mi modesta grabadora, las expresiones de un pueblo en busca de sus derechos. Es sentirme orgullosa de haber sido parte del pequeño grupo que en 1991 organizó una manifestación frente a Villa Marista, sede de la policía política cubana para reclamar libertad para los presos políticos. Cuba es mi lucha, es mi orgullo y está siempre presente en mis pensamientos.

Guillermina Acuña Herrera
Fundadora del Movimiento Maceista por la Dignidad

Una Cuba cristiana y sin cadenas. ¿Y sabes tú lo que haremos con ella?

La pondremos brillando en una estrella.

Dr. Manuel Artime
Jefe Civil de la Brigada 2506
1939-1979

A la pregunta de quiénes somos ahora los cubanos de la isla y del exilio, pienso en cuanto a los de allá que son un pueblo humanamente destruido. Salvo las excepciones que pueda haber, la personalidad tradicional del hijo de Cuba se ha volatilizado y los que la mantienen viven el tormento de la patria que ya no es lo que fue en los años de la república. En cuanto a los del exilio, los hay que viven el dolor de la nostalgia luchando por el rescate de la patria, mientras que los demás están, más o menos, al margen del dramático destino nacional sin ir más allá de una efímera emoción. A la pregunta de qué tiene Cuba que tanto atrae, cuento mi experiencia. Nuestro país es un milagro de Dios por su configuración, por su ubicación, por sus bellezas naturales y por su gente, generalmente tan inteligente, honesta, trabajadora y cordial.

Para mí, Cuba es todo y yo soy todo para ella. Desde los diez años la encontré en sus poetas. Antes de los veinte, la descubrí en los historiadores y en ellos conocí a sus héroes y a los forjadores de la nacionalidad. Si no fuera así, no hubiera escrito una obra tan vasta y variada como cubana.

Octavio R. Costa
Historiador. Periodista. Escritor
s/c: 7 de mayo de 1959

Cuba representa para mí la tierra que me vio nacer, donde conocí los principios morales, el amor, y el respeto a nuestros semejantes que nos enseñaron nuestros padres. Tanto mi esposo Tony, con quien compartí 56 años de mi vida, como yo tuvimos la dicha de conocer, por nuestra profesión, cada rincón de nuestra tierra, conocimos la bondad de su gente, su espíritu alegre, que de cada pena, opresión o dolor, sacaba un chiste. Nuestra Cuba, antes de la desgracia del comunismo, era como una gran mansión con todas las ventanas abiertas, donde compartíamos como una gran familia, con una juventud sana con ansias de superación. Por eso y muchas cosas más, en el nombre de mi esposo Tony Alvarez, que tanto amó a su tierra, Cuba estará en mi corazón y en mi pensamiento hasta el día que me toque partir y reunirme con mi compañero. Y le pido al Señor que si vuelvo a nacer, que sea en el barrio de Luyanó, de mi Habana, Cuba.

Olga Chorens
Cantante

Cuba, aferrado a ella vivo, rogándole a Dios, que permita mantener en mi memoria todos los recuerdos hasta el útimo minuto de mi existencia. De amarla, respetarla y darle mi dedicación diariamente y que jamás renuncie a los principios que me trajeron a estas tierras lejanas.

Jenaro Pérez
s/c: 4 de enero de 1959

Cuba para mí representa una niñez divertida y muy feliz: veranos en la playa, excursiones al campo, familia unida... ¡muchos primos! Desde los diez años recuerdo ansiedad, bombas, secuestros y la entrada triunfal de Fidel. Luego, muchas discusiones y división en la familia. El día que cumplí doce años nadie se acordó. Salimos de Cuba: miedo incertidumbre, separación y tristeza. Como adulto, me he sentido exiliado, sin poder regresar y con obligación de hacer algo por mi patria esclava. Su tragedia me agobia. Anhelo el día de su libertad, que será mi libertad y mi felicidad.

Alfredo Manrara Gastón
Consultor Bienes Raíces
s/c: 1960

Dicen que es casi imposible que una persona recuerde momentos vividos cuando se es un infante, pero, yo desmiento tal teoría. Yo recuerdo, en intimo detalle, la última vez que vi a mi Cuba. Tenía año y medio y estábamos en el aeropuerto de Rancho Boyeros. Sabía que algo grande iba a suceder. Me habían vestido con bata nueva y mi abuela lloraba y me abrazaba largamente. Mi madre al fin logró despegarme de mi abuela y junto a mi padre caminamos hacia un avión que esperaba. Miré hacia atrás y vi que mi abuela quedaba más y más lejos... y fue entonces que comencé a llorar. Mi llanto no lo callaba nadie. Quizás presentía que todo iba a cambiar. Quedaba atrás el olor de mis días, la seguridad de lo conocido y los brazos imprescindibles de una abuela. Recuerdo que las lomas verdes que miraba a través de la ventana del avión, se hacían más pequeñas mientras la nave comenzaba a separarse del suelo cubano. Y recuerdo, el caramelo envuelto en papel de un brillante amarillo, que me ofreció la aeromoza en un fútil intento de calmar mis sollozos. Al fin, fue el sueño que triunfó sobre mi llanto. Horas después desperté en los Estados Unidos, lugar que siempre consideraría como mi segunda amada patria, pues, mi primera patria es, y será hasta que cierre los ojos, Cuba.

No acepto la veracidad del comentario que se les hace a muchos de mi generación, "Ah, pero si tú eres más americana que cubana, te criaste aquí..." Los años vividos aquí sólo agudizan lo que siento a flor de piel sobre mi país. Conozco bien el olor de mi tierra. Sé que en lugares huele a melado de caña y al combustible de las guaguas. Conozco los balcones estrechos cubiertos de musgo de los apartamentos de la Habana Vieja, y oigo el sonido del canto del chino cubano que anuncia sus delicias a la venta mientras se desliza, espalda un poco encorvada, por las calles de los pueblos de mi isla. Mi tierra existe en una dimensión exclusiva. Mi Cuba es un mosaico de recuerdos grabados en la niñez, en pizarra limpia, libre de prejuicios y romanticismos que forman parte del pensamiento adulto. También he creado a mi Cuba de cuentos contados por mi madre y mi tía. Como Schaherezade, que cada noche hilvanaba una historia, creando así un interminable manto, los cuentos de estas mujeres crearon un país entero dentro de mí. Sé como se mueven las siembras de arroz a lo largo de los ríos pinareños y como los baña la luz plateada de los rayos de una luna llena. Y... llegué a conocer a mi Cuba de otra forma. Llegué a conocer los grandes seres humanos que mi tierra puede dar, cuando conocí a Antonio Cuesta Valle, o, Tony Cuesta. Este legendario hombre quedó ciego y mutilado después de una confrontación con los guardas costas cubanos en la década de los sesenta. Tony fue el primer prisionero político ciego en el hemisferio occidental. Años después, cuando regresó a los Estados Unidos, lo conocí y tuve el privilegio de compartir con el como su esposa, cinco años de mi vida. Junto a él conduje vehículos que remolcaban lanchas destinadas a operaciones de libertad en Cuba. Viví con este mambí y aprendí lo que es valor y pureza de principios. Nunca lo vi desistir de la batalla por la libertad de Cuba. Amó a Cuba hasta el último suspiro. Pocos días antes de que muriera, me dijo que tenía sed y le puse un pedacito de hielo en sus labios, lo chupó muy despacio y luego de unos segundos me dijo, "me gusta más el hielo de Cuba..." Tony me enseñó lo que me restaba aprender sobre mi tierra, y en sus ojos, que para mi nunca estuvieron apagados, continúo viendo los amaneceres de mi Cuba, esa Cuba que vive en mi.

María Aurelia Casulo
Escritora

Ser cubana para mí significa el sol y el mar. El coraje y valentía de los mambises. Las poesías de Martí. La hermosura del Paseo del Prado, las palmas y el malecón. La belleza del valle de Viñales y las playas de Varadero. Cuba siempre está en mi mente y en mi corazón. Nunca la olvidaré.

Marisel Sánchez Walston
Lenexa, Kansas
s/c: 26 de diciembre de 1979

Cuba para mí es mi adolescencia rebelde, enfrentando la implantación de un régimen totalitario comunista, la expulsión de mi escuela pública por mis ideas, mi juventud entre alambradas (UMAP), dejar mi familia con la idea de no verlos más, el recuerdo de quienes perdieron su vida en la lucha, la muerte de mi padre o la enfermedad que padece mi madre hoy, tan cerca y a la vez tan lejos. ¡No, coño, Cuba está en mis sueños por verla libre, son mis lágrimas cuando canto el himno cubano en suelo extranjero! Está en mi fe en el triunfo y en el esfuerzo por lograrlo, y en mi decisión de morir exiliado antes que la deshonra de volver siendo esclavo.

Cecilio Lorenzo
Enviado a cumplir prisión en las
Unidades Militares de Ayuda
a la Producción (UMAP)
S/C: 20 de mayo de 1980

Cuba mía... patria querida
qué tristeza oír tu nombre
en boca de gente extraña...
que te han robado tu suelo
tus riquezas y montañas
que te matan a tus hijos
y te han manchado de rojo.

Alicia Rivero
Fragmento de canción compuesta en 1963
s/c: 1961

Los cuentos de mis padres y abuelos de la vida en Cuba a veces no son suficientes. Las comidas típicas cubanas y el sonido de su música me atrae a conocer la tierra de mis antepasados. Cuba es el aroma de tostadas y pastelitos, inmensos platos de bistec empanizado, frijoles y tostones; el golpe de los timbales y compás de las maracas; aprendiendo guaracha y danzón con mi mamá en la cocina; colando cafecito preparándome para casarme. Con estas hermosas tradiciones defino quién soy y de dónde vengo. Y es a través del arroz con leche que le preparo a mis abuelos y las clases de rueda que tomo con mis padres que mantengo viva mi fuerte tradición y rica herencia cubana.

Lourdes Carreras-Balepogi
Nacida en Estados Unidos

Durante más de 44 años el exilio ha mantenido el espíritu de combatividad que quizás muchos dudaron y otros no esperaron. Esto sirvió para que nosotros, la generación de cubanos nacidos dentro de la desgracia más terrible que podamos imaginar, aprendiéramos que la patria no se deja de amar aún en la desgracia. El exilio ha mantenido no solamente la dignidad de la patria cubana sino la llama de la lucha para que otros nos unamos a esa lucha que no discrimina, que no clasifica ni descalifica a todo aquel que decida unirse a esta justa causa. Esto, a su vez, ha servido de guía para aquellos opositores hombres y mujeres de bien que han despertado a la lucha y que se sienten seguros del respaldo incondicional de aquellos que dejando a un lado sus intereses y sus cotidianas vidas siempre dicen presentes a la lucha.

Cuba cuenta con sus hijos. Cuba se recupera y espera por sus hijos para reivindicar un pasado glorioso y crear un futuro de fe y justicia para los que quieran ponerla en el lugar del cual nunca debió salir. Fe, justicia y libertad llegarán a nuestras costas, pero solo con el esfuerzo y el sacrificio de todos. No podemos dejar pasar nuestras responsabilidades y no podemos correr el riesgo que la historia y nuestros familiares nos pregunten qué hicimos por la libertad de la patria y espero que todos podamos sentirnos orgullosos de nuestras acciones, recordando siempre que por las mismas seremos recordados y juzgados. Dios bendiga nuestra patria. Viva Cristo Rey.

Alberto J. Álvarez
s/c: 28 de abril de 1984

Ser cubano es ser buscador de sí mismo en cada cubano que hay por el mundo. El cubano dentro de la isla sueña con la libertad de poder elegir, de poder ser alguien sin que un gobierno rija sus actos y los dirija. El cubano de afuera que ha tenido que aprender otra idiosincrasia y lenguaje, sueña con escuchar sus propias palabras, pero dichas de un modo dulce y cadencioso, como el sonido de las palmeras. Quiere escuchar el sonido de su mar tranquilo y latir como un solo corazón, cuando conoce a otro cubano recién llegado. Cuba representa para quien la ha vivido dentro, represión de ideas y de movimiento, imposición de vestuario que no eliges y un dedo indicador: "no habrá clemencia si te vas de aquí".

Luisa María Güell
Compositora. Cantante.
s/c: 9 de mayo de 1968

¡Cuba, madre mía! Madre sufrida de mis amores. Tierra amadísima que me vio nacer. Al conjuro de tu nombre, madre Cuba, ábrese nostálgico el abanico de mis recuerdos. Los días de la infancia, los amigos, el olor a tierra mojada después de la mansa lluvia. Las noches cubanas, tan bellas que invitaban al desvelo. Los maestros que me enseñaron de tu amor. Porque estás en todas partes donde estoy, madre Cuba, tus límites geográficos desaparecen.

Imposible será mi regreso, ya que nunca me marché de tu lado, porque tú tejes esa misteriosa hebra que me sujeta a ti.

Juan de la Rúa
Consultor, Proyectos Institucionales.
s/c: 21 de julio de 1962

Cuando pensamos en decir lo que es ser cubano en 100 palabras, pudiera resultarnos poco, por todo lo que un cubano con orgullo sano puede sentir de lo que significa ser cubano. También puede ser mucho porque en breves palabras también podemos expresarlo. Ser cubano es caña, tabaco y ron. Es son y danzón. Es clave y bongó. Es brisa y es mar. Es tierra colorá. Es familia, es valor, es tezón, es amigo, es fé. Es café con leche, raspadura, duro frío. Es fiesta y alegría. Es el portal y el sillón. Es amor. Ser cubano es un orgullo.

Caprice Tassinari
Chef y dueña del Restaurant Teté
en la Pequeña Habana en Miami, Florida

Cuba tú eres de donde yo soy. El ser humano es un producto genético modificado por el medio ambiente durante los primeros años de vida. Por lo tanto soy el producto de lo que "traje de fábrica" y lo que adquirí en mi entorno, Cuba. Tuve el privilegio de nacer en un paraíso, Santiago de Cuba. Ahí en Vista Alegre, vivíamos muy unidas, numerosas familias que compartíamos la seguridad de la ciudad, el calor humano y ante todo compartíamos el orgullo de ser santiagueros.

Cuando hice la Primera Comunión nos explicaron las características del cielo y del infierno y recuerdo que me dije internamente: "no entiendo bien, pues este lugar donde vivo es el cielo" y hoy sigo pensando y sintiendo lo mismo... yo cristalicé mi cielo en aquel momento. Como la mayoría de los cubanos, he puesto mi raíz en el cemento, no en la tierra, pues no me interesa enraizarme en otro lugar. Quiero seguir siendo parte integral de Cuba, pues Cuba es de donde yo soy.

Gloria H. López, Ph.D.
Sicóloga
s/c: 1960

Cuba es para mí una imagen clavada en los sentidos que con secuencia intemporal revive las palmas, las ceibas y los cañaverales, la escuela de la infancia y la casa familiar, la bodega del barrio y los amigos de antaño. Una imagen que mantiene intactas las playas de abundante arena y el olor del campo, los históricos castillos coloniales y la familiaridad de los vecinos, el café en cada esquina y el pregón del vendedor.

Cuba es para mí La Habana y Santiago, majestuosas en arquitectura y acogedoras como ciudad, con sus ruidos típicos y atardeceres en el Malecón. Cuba es el orgullo por nuestra música, peloteros y boxeadores. Es también la sonrisa en cada rostro, la gracia de nuestras mujeres y la amistad perdurable. Cuba es el culto a la familia y el respeto a la vejez.

La otra Cuba, la triste, la de casas apuntaladas y calles desiertas, la de niños sin juguete ni sonrisa, la de tiendas vacías y policía en cada esquina, la de chivatos y vigilancia, la de abundantes prisiones y mesas vacías, la de consignas y culto al usurpador, la de ansias de fuga y *apartheid* por doquier, esa otra Cuba está apartada en un lugar de los sentidos donde no hay más que dolor.

Luis Zúñiga
Ex prisionero político cumplió 19 años de condena
s/c: 30 de noviembre de 1988

¿Qué tienes Cuba mía que sin apenas conocerte no te puedo olvidar?

Mientras que vives tu pesadilla, vivo aferrada a un sueño que pacientemente espera se convierta en realidad. Las olas que te bañan, las palmas que te adornan. El guajiro y su nobleza que hacen tus llanos y montes vibrar y el son... ¡ay! ese son que te hace bailar. Eres la Perla de las Antillas y eso nadie te lo puede robar.

Lourdes D'Kendall
Comentarista Radial, WAQI Radio Mambí.
s/c: septiembre de 1962

Imágenes grabadas en mi mente. Gervasio entre Virtudes y Escobar, donde nací. Mi Tata Dalia llevándome a tomar el sol en el Malecón. El limpia botas frente al Parque Maceo, El Laguito, la Iglesia de Monserrate y los merenguitos de la Gran Vía que me compraba mi abuela Rosa después de la misa. Es la cabañita de mis padres en la playa de Boca Ciega en cuyas arenas aprendí a dar mis primeros pasos. Es mi colegio St. George, el Conservatorio Internacional de Música y el Miramar Yacht Club. Felicidad y convivencias, toda mi niñez y mi adolescencia. En una ocasión, el embajador de Colombia me vaticinó en relación a Fidel Castro: "Es un movimiento comunista, mataron monjas en el Bogotazo. Los cubanos llorarán lágrimas de sangre." En poco tiempo, sus proféticas palabras se convirtieron en realidad y la doctrina marxista cambiaría nuestras vidas para siempre. El 23 de septiembre de 1959 abandoné mi paraíso en la Avenida de la Loma. Llegué a Miami junto a mis tíos, primas y mi pequeña hermana Elsita. Tomó dos años y muchas lágrimas reunirnos con mis padres y mi hermano David. Estados Unidos es hoy mi segunda patria, pero amo esa isla donde nací, y en cuyo suelo están las raíces de mis padres y toda mi familia. Y aún persiste la imagen de una Cuba libre grabada en mi terca voluntad de regreso.

Magda Rosa Orta
Profesora

Cuba representa para mí, la tierra de mi familia, mis padres. Cuánto sacrificio, cuánto trabajo honrado para ser demolido por un gobierno inhumano que no respeta el hogar sagrado. Quizás tenga que recurrir a temas de canciones para poder expresar lo que representa Cuba para mí, como: "No es igual" de Susy Leman, o "Cuando Salí de Cuba", de

Luisito Aguilé, o "El Son se fue de Cuba", de Fernando Albuerne. No es posible reflejar en tan poco espacio lo que algo tan grande significa para uno, y por eso voy a resumirlo diciendo: ¡Cuba significa mi vida!

Pedro Milián
Publicitario
s/c: 1962

Va más allá del símbolo y del sentimiento llegando a lo más físico, hasta lo telúrico. Representa todo y sobre todo el espacio geográfico; mi hábitat, mi ambiente, las gentes, el cielo real, los suelos, el duro sol, los ríos, las playas, los árboles... mi entorno. Aún cuando los recuerdos se entremezclan en extraños y contradictorios sentimientos de dolor y alegría, milagrosamente existe una conmoción positiva que rompe y aclara toda esa inexistencia vivida. Quizás, porque hay un resumen divino de todo lo auténtico, lo esperanzador y lo verdadero en esas cuatro letras que forma el nombre de Cuba.

Eudel Eduardo Cepero
Ecologista
s/c: julio de 1999

Cuando pienso en mi Patria tengo un conflicto interno lleno de recuerdos gratos de nuestra niñez, nuestras costumbres, nuestros amigos que han quedado atrás y nunca me resigno a pensar que no pueda verla otra vez. Siento que mi corazón está allá y mi pensamiento se alza y la quiero ver libre y soberana, con el bullicio de todos nuestros amigos y compañeros. No me resigno a pensar que esta terrible noche no termine para siempre. Quiero ver a la Virgencita del Cobre y darle las gracias por habernos dado la fortaleza para soportar este cautiverio, tanto por los que quedaron atrás pagando con sus vidas, como los que hemos tenido que soportar el exilio que duele en lo más profundo de nuestros corazones. Cuba mía, has calado tanto, tanto en el corazón y en mi pensamiento que sigo preguntándome: ¿puedo hacer algo más por tu libertad, he cumplido con mi deber de cubano?

La historia nos sabrá poner a cada uno en su lugar.

Herminio C. Orizondo
Cirujano
Director, Consejo por la Libertad de Cuba
Orlando, Florida
s/c: 2 de noviembre de 1964

150

Me crié en Sancti Spiritus. Cuba para mí lo significa todo. Recuerdos de una juventud alegre, una familia unida. Cuba es donde nací y quiero morir cuando mi patria sea libre. Añoro nuestras palmas, nuestra tierra, nuestro mar que no se compara con ninguno y el sentirse en lo nuestro. Afuera soy un extranjero agradecido, añorando estar bajo el sol de una Cuba libre, en un campo como ninguno en el mundo. Regresar con el deber cumplido es mi forma de honrar a tantos hermanos que han dado sus vidas por ver a Cuba libre, independiente, democrática y soberana. Ese será el día más feliz de mi vida.

Félix Rodríguez
Oficial retirado de la Agencia Central
de Inteligencia de Estados Unidos
Participó en la captura del Che Guevara en Bolivia

Cuba es la libertad perdida, las calles de mi pueblo y su cementerio donde reposan mis muertos. Cuba es aquel lugar donde todos disfrutamos de una cordialidad y amistad únicas, por más discrepancias que tuviéramos. Cuba es por la que yo no he dejado de soñarla y añorarla en casi 40 años que dejé sus playas, mi afán de lucha y regreso digno por supuesto, pues desde ese día que aún tengo clavado en el alma, y pese a muchos reclamos familiares, no he vuelto a ver su cielo. Cuba, en fin, es todo para mí, pues por ella lloro todos los días y confío que Dios me permita un día regresar, vivo o muerto, porque es mi sueño más ansiado.

Felipe González Concepción
Columnista de "La Voz de Miami Beach"

Se puede sacar al cubano de Cuba, pero no se le puede sacar a Cuba al cubano. Aunque he vivido casi toda mi adolescencia y todos mis años adultos fuera de la patria, Cuba es mi razón de ser, de existir, mi religión y mi gran amor. Por Cuba he arriesgado mi vida — no lo suficiente que la nación se merece — y he perdido amigos que se han quedado por el camino interminable. La libertad de Cuba es mi único gran deseo en la vida. Todo lo otro es insignificante.

Enrique Encinosa
Escritor. Periodista
s/c: 8 de noviembre de 1961

Cuba para mí representa todos mis recuerdos felices de mi vida, el exilio pasa pero no se recuerda, Cuba se añora y el exilio se tolera.

Recuerdo mi niñez en la calle 15 entre dos y Paseo en el Vedado. La calle Paseo era nuestro "play ground" donde jugábamos al Quimbe y al chocolongo y los domingos se organizaban una guerra de piedras entre los blanquitos y los negritos que siempre acababa con alguien en la Casa de Socorros y los demás llorando. Cuba para mí son los buenos Hermanos del Colegio de la Salle que nos educaron sin tanta misa y rosario. No me olvido del Pirulero que nos vendía el pirulí en el recreo y al cual le pedíamos fiado y al pobre no le pagábamos.

Cuba para mí era el Edificio Bacardí donde junto con mi padre y mi hermano trabajábamos en el Bufete García Ordóñez, donde yo no hacia gran cosa, pues mi padre no delegaba y yo era bastante vago y esperaba como loco que fueran las cinco de la tarde para irme a jugar básquetbol Vedado Tennis Club al Vedado Tennis Club. En la esquina del edificio se vendía café de 3 kilos donde yo bajaba a descargar con mis amigos o sino a la Manzana de Gómez que estaba al frente y siempre me encontraba con la "Marquesa", una negra pedigüeña que no aceptaba menudo. La Coca Cola en la bodega costaba cinco centavos y luego le salió la competencia la Pepsi Cola que era de doble cantidad. Cuba para mí era caminar por Prado, donde los negritos limpiabotas se me acercaban y me decían "Mister" creyendo, por mis canas, que yo era americano. Cuba para mí también era el malecón de La Habana donde manejaba feliz con mi Fordsito a la oficina todos los días, mirando de frente al Morro y a la Cabaña, nunca imaginando que algún día dejaría de ver tan grandioso espectáculo.

Cuba aunque se trate, y yo no lo hago, no se puede olvidar, viene a tu mente todos los días de tu vida y rogamos a Dios que nos la devuelva lo más pronto posible.

Carlos García Ordóñez
Abogado
s/c: 13 de agosto de 1961

Supe de ella por mi abuelo que era veterano. La conocí a mis 19 años cuando pasé por el Departamento de Seguridad del Estado y vi a los hombres partir camino del Paredón. Cuando entré a prisión y allí estaba erguida en la representación de sus hijos que la custodiaban y me enseñaron a reír, a llorar y a luchar por ella. Allí conocí de sus instituciones, del intelectual honesto, del guajiro laborioso, del trabajador y el profesional, del estudiante y del cantor de la décima guajira. Allí la conocí en la obra de Martí, el ejemplo de Maceo y Agramonte y la rima del "Cucalambé". Desde entonces es el Negro Ramírez y Yarey, Pedro Luis y

Olegario Charlot y todos los demás con los que estoy en deuda. Desde siempre será mi *lágrima infinita, la que en el alma llevo oculta*".

Luis González Infante
Expreso político cubano
Causa 315/64. Cumplió una condena de 16 años
s/c: febrero de 1980

De niña, jamás pensé que mi isla feliz naufragaría en un mar de tragedias.

Cuba fue luego adiós, muerte, soledad, hambre, represión y miedo. Al partir, tras tanta injusticia, Cuba fue aquella última palma que divisé entre lágrimas. Allá quedaba mi amor, mi hogar, mi país, arrebatados por querer criar a mi hijo libre.

Mi Cuba es ya un ramillete de recuerdos, una banderita en la solapa y unas viejas fotos. La sigo añorando. Algunos no lo comprenden y no los culpo.

Ellos no tienen el privilegio de haber nacido en una isla de espuma que aún me sigue esperando.

Araceli Perdomo
Coordinadora Editorial
Perspectiva
El Nuevo Herald
s/c: 15 de enero de 1971

Cuba para mi representa el esplendor de una era. Mi tierra de oportunidad. Comencé en El Encanto como mandadero a los 17 años. Estudié, me esforcé y llegué a ser el diseñador de los departamentos de niñas, jovencitas, lencería y blusas finas. Herminia del Portal, la directora de Vanidades Continental, a pesar de mi juventud, me dio la oportunidad de llegar a ser uno de los diseñadores de la revista, internacionalizando mi arte.

Cuba era una isla encantada, donde tuve la oportunidad de trabajar junto a Christian Dior y diseñar para algunas de las actrices más famosas del mundo.

Por mi profesión he tenido la oportunidad de viajar el mundo entero, pero Cuba es única. Su belleza natural y la de sus mujeres es incomparable. Cuba para mí es la elegancia y el embrujo de La Habana. Su vida nocturna, su vida intelectual. Sólo espero que un día no muy lejano, la Cuba mía resurja de las cenizas, para una vez más deslumbrar al mundo con su belleza y su encanto.

¡Qué Dios bendiga a Cuba!

Antonio Gonzalez
Diseñador. Tienda El Encanto, La Habana
s/c: 1960

Ha pasado casi medio siglo desde el advenimiento del régimen comunista en la isla, por lo que me vi obligada a salir al exilio y aquella "Cuba de antes" sigue siendo en la historia un ejemplo de prosperidad, modernidad y bienestar democrático. Aquella Cuba representa para mí, sencillamente, la vida que me gustaría vivir y que no es posible vivir en ningún otro país del mundo. Pero en el orden profesional, significaba algo aun más importante: la libertad de expresión en el arte.

María Julia Casanova
Teatrista
s/c: octubre de 1960

Cuba significa para mí algo distinto en diferentes etapas. Tenía apenas seis años cuando el régimen cambió súbitamente y, sin entender, mi infancia también. Después, la adolescencia y juventud, sin poder realizar ninguno de los sueños que cada uno lleva dentro. Esperar y ver pasar los días, siempre con un vacío, que al salir de allí, a los 25 años logré llenar: Libertad. Por mucho tiempo no quise saber de ella, pero cuando en el año 95, por razones familiares, la volví a ver y reconocí su idiosincrasia, su olor, sus palmeras, su belleza natural inigualable, todo cambió, y comprendí, con infinito amor, que ella siempre sería mi casa, esa casa que tenía perdida desde el mismo día en que me fui.

Ester S. Gaínza
s/c: 16 de mayo de 1980

Cuba es un recuerdo que se niega a ser olvido. Una distancia que desgarra y enajena. Cuba es el paradójico edén por el que mueren: los que en volverla a ver mueren soñando y los que en escapar sueñan muriendo. Cuba es la última ilusión de mi vida.

Juan Cueto Roig
Escritor
s/c: octubre de 1966

Hoy los cubanos somos una semilla regada por el mundo, no como parias, sino como triunfadores y dignos ejemplos, en su mayoría, de ser hombres y mujeres honrados, hospitalarios y luchadores. El daño que quisieron hacer a los que hemos abandonado la Patria, ha servido para demostrar al mundo que somos un solo pueblo; que aunque vivimos fuera de nuestra bendita tierra, aún después de 44 años de dictadura, somos un hueso duro de roer. Aquellos que trazaron el camino de la verdad, los que escaparon a la llegada del tirano, han demostrado qué son los cubanos. Esos que llamaron "esbirros", hoy tienden la mano a todos los hermanos que hemos llegado a un mundo nuevo entregándonos su amor y apoyo incondicional. Nuestros corazones viven en Cuba y nos alimenta la esperanza de llegar nuevamente a nuestra Cuba y ayudar a construir lo que este tirano ha destruido. Cuba ¡cuánto te queremos!

Maggie Carlés
Cantante
Luis Nodal
Agente Artístico
s/c: 28 de noviembre de 1989

¿Por qué más de treinta años después y tras haber pasado prácticamente toda mi vida en Estados Unidos, y nunca haber regresado, me siento tan cubana? Para mí, Cuba no es la isla encarcelada de hoy, para mí, Cuba es las tradiciones familiares que mis padres nos han obsequiado toda la vida; los valores familiares de mi abuela; es la gran fortaleza de tantos cubanos que a pesar de estar lejos de su país lo llevan dentro de su alma, y esa cubanía se mantiene dentro de sus hijos, como yo, que también se lo pasaré a mi niño que ahora tiene tres años. Por eso pienso que a pesar de todo lo que se ha perdido, algún día Cuba volverá a ser ese lugar tan maravilloso de tantos cuentos que me han hecho. Porque Cuba está dentro de tantos hijos y tantos nietos que no la abandonarán.

Ana Cuervo-Martínez
Reportera del Canal 51-Telemundo
Miami, FL
s/c: 1972

Cuba is a place that only lives in my thoughts. A place that when I see, hear or touch every day objects or situations that you might not think twice about, these objects transport me to a place that my thoughts only know. Cuba is a place that when:

I feel talcum powder, I feel the sand of Varadero.

I see the word "More", I think of Benny.

I hear the word "sugar", I think of Celia.

I feel the ocean breeze, I think that anywhere in Cuba you can actually feel it.

Every New Year's celebration.... I quietly think that

this could be the year.

I hear Lucy, I think of Ricky.

I swim in the ocean, I know that Cuba's waters are just a little clearer.

I see the blue sky, I know that in Cuba is just a little bluer.

Something stupid happens, I think that "in Cuba this never happened".

I see a pearl, I think of the one we lost in the Caribbean.

I hear someone say "red, white and blue", I think of the Cuban flag.

I hear 1959, I think this is when time stood still...

Rafael Iglesias
Ejecutivo, Relaciones Públicas
Nacido en México

Había una vez un país llamado Cuba... eso es Cuba para mí, un cuento de hadas, que he vivido a través de las historias de mis abuelos y de mis padres. Cada una de esas generaciones me dio una visión de Cuba. Un tatarabuelo que fue gobernador de La Habana — Alberto Barreras — ; unos abuelos que me regalaron los más bellos recuerdos de su niñez y juventud — veranos en Varadero, fiestas en el Habana Yacht Club y paseos por el ingenio — un padre que arriesgó su vida por Cuba y una madre que supo esperar por él. Después que pase esta pesadilla, podré recorrer con mi familia lo que hasta ahora ha sido una fantasía.

Ileana Falla Iglesias
Nacida en Miami, Florida

Cuba is where my grandparents were born and I would like to visit to see all the places that they talk about.

Rafa Iglesias
13 años
Nacido en Miami, Florida

Cuba is a piece of the heart.

Max Iglesias
10 años
Nacido en Miami, Florida

Cuba is love.

Verónica Iglesias
6 años
Nacida en Miami, Florida

Nací en La Habana en noviembre del 1959. Salí de Cuba en noviembre del 1960. Me dicen que aprendí a caminar en el aeropuerto José Martí el día de mi partida. Que ironía que el primer acto de libertad que desempeña un ser humano lo logré hacer en suelo cubano. Mis ocho bisabuelos y muchos ancestros anteriores eran cubanos. Mirándolo desde esa perspectiva, ¿qué puedo sentir sino que Cuba es mi herencia? Me conmueve que mis hijos son los primeros de mi linaje desde tiempos coloniales que nacen fuera de la isla. ¿Podré lograr que sea herencia de ellos?

Gustavo Alfonso
Ejecutivo de AT&T

Cuba para mí es la eterna juventud. Es mi juventud, mis familiares, mis amigos, mis compañeros, las playas, los recuerdos del Instituto y la Universidad de La Habana. Es Remedios, mi pueblo natal, sus iglesias y sus parrandas. Todo lo veo y revivo. Cuando todo era alegría, eterna vacación y buenos recuerdos hasta que llegó Fidel Castro y familiares y amigos cambiaron de la noche a la mañana.

Hoy, Estados Unidos es mi segunda patria, pero todavía continúo con aquellos gratos recuerdos de mi juventud y puedo idealizar las cosas pequeñas de aquella época que me parece una novela inolvidable.

Dr. René F. Rodríguez
Médico Cirujano
Coronel Retirado del Ejército de EE.UU.

Nací, crecí, abrigué sueños y esperanzas en un rincón de nuestra querida Patria. Tristezas y alegrías en la vida cotidiana, sufrimientos mayores vividos en carne propia al alejarnos de nuestros seres queridos, de nuestros muertos, de todo lo que creíamos nos pertenecía. Duele tanto la falta de bondad y misericordia que sufren nuestros hermanos en Cuba. La vida de muchos apagada por dejar atrás persecuciones, injusticias y miedo a la realidad que todos padecen por la situación crítica de nuestro país.

Triste es el destierro, pero difícil es adaptarse a vivir en nuestra tierra, donde la libertad y el respeto se esfumaron; donde el dolor y la miseria han tocado a su puerta.

Zenaida Rosainz Vda. de Araña
Maestra
s/c: octubre de 1995

En las escuelas de mi tiempo, desde pequeño se iba creando una vinculación espiritual a la Patria. Aprendimos el himno nacional, venerábamos la bandera y los patriotas que echaron las raíces de nuestra nacionalidad. También crean un vínculo material: descripciones literarias y pictóricas de paisajes, canciones populares y cuentos, ya escritos, ya por tradición oral. Y están otros elementos vinculadores: la convivencia en los pueblos y los barrios donde vivíamos, que suelen llamarse "la patria chica"; la escuela y otros centros de enseñanza, los amigos de infancia, de estudio o de relaciones laborales. Todo eso se impregna en un aire familiar. La culminación de ese conjunto, es una sensación de destino: —He nacido aquí por algo—

nos dice una voz interior. Ese es el ingrediente de misterio tan natural, que se explica por sí mismo, como un concepto ajeno a las palabras. Al cabo, Cuba es una deuda y también una recompensa; dolor y goce a un tiempo… y silencio, al final.

Angel Cuadra
Profesor. Poeta. Escritor
Ex prisionero político. Cumplió condena de 15 años
s/c: 10 de marzo de 1985

Yo soy un guajiro del Vedado. Nací en la clínica El Sagrado Corazón, en febrero del cuarenta y uno. Mi mamá era pilonga de Las Villas y su padre capitán de la Guerra de Independencia. Mi papá nació en Santiago. Me contaba que de niño corría en patines escalones abajo por Padre Pico; a los tres años me enseñó a leer. Homero. ¡Qué cuentos para un niño! ¡Los héroes y los dioses! ¡Qué aventuras! De mi mamá, que era escultora, heredo el arte. Mi edificio del hueco con la palma le dio a Miami su cara (con narices y orejas) de ciudad tropical.

Ha escrito un anarquista conocido que el lenguaje es la facultad humana que nos permite pensar para ser. Pero con el lenguaje escribimos la historia como nos da la gana. Y los anti-patriotas venden y compran la historia y las historias, y el futuro de Cuba, nuestra Cuba, que es de todos nosotros. Y la historia que nos aprieta la memoria, nos aprieta también el corazón, hasta casi exprimirnos la vida que habría que dar por Cuba para que fuera libre.

Cuba, al arrullo de la palma pienso en ti.

Hervin Arturo Romney y Alvarez Castellón
Arquitecto

Elsa M. Negrín Chinea se fue con Cuba doblada en el recuerdo...

Desde entonces mastica otro idioma y tiene pesadillas. Extraña el vuelo del murciélago que encendía de misterio cada noche su casa de altos puntales, mamparas blanquecinas, pequeños vitrales, tilo y hierbabuena. El destierro le ha otorgado el don de la ubicuidad. Vive aquí y en un lagarto mítico que se nutre de muertes y de sueños. En sus días mejores se cree toda isla. En los peores, reza sobre los huesos de los suyos, hoy, polvo patrio prestado en suelo ajeno. Sonámbula de recuerdos, lleva cocuyos en las pupilas... para iluminar un día su regreso... a la isla y a Dios. Es sólo eso.

Periodista
s/c: marzo de 1963

Cuba, sueño y realidad. Hace 43 años que sueño con ella. La de las palmas la isla bella que maravilló a Colón. La del bohío, el guajiro y el cafecito obligado. La de las noches por el malecón. La que Martí enseño a sus habitantes a llamarse hermanos y que, de una forma u otra, supieran entenderse y resolver sus diferencias. Pero me despierto y la realidad se impone. Un hombre sin entrañas la ha cambiado. No sólo la ha destruido materialmente, sino, más importante, ha sembrado el odio y la traición. Ha puesto padre contra hijo. Hijo contra padre. Hermano contra hermano. La desconfianza y el resentimiento imperan.

Dios haz el milagro. Déjame volver a soñar. Convierte mi sueño en realidad.

Osvaldo N. Soto
Abogado. Escritor
Presidente de la Liga Hispanoamericana contra la Difamación

En 1990 fui declarado prisionero de conciencia, cuando estaba en cautiverio. Salí de Cuba el 12 de noviembre de 1991, con una visa especial del Departamento de Estado norteamericano, por trabajar para el proyecto de Radio y Televisión Martí.

Los cubanos somos una raza que donde quiera

que estemos, en una aldea remota de Namibia, donde haya desertado de sus funciones internacionalistas, o encima de un camello en Egipto, o en un polvoriento callejón de Sagua la Grande, donde nací, o en un elegante alumbrado barrio de Miami, somos almas sedientas de volver a ser libres en nuestra patria.

Cuba puede ser recuerdos traumáticos, despedidas de seres queridos, de quienes un día recibes una llamada telefónica y te dicen que el gobierno de Castro los mató y jamás los volverás a ver. Es también ese deseo de ver la iglesia y el parque del pueblo donde naciste. Es el anhelo desesperado de ver el muro del comunismo caer en tu tierra y a veces deprimirte porque tarda tanto.

Ernesto Ríos
Periodista
Radio Caracol
Su hermana y su sobrino de 5 años fueron
asesinados por guarda-fronteras castristas en 1999,
en un intento de salida del país.

Cuba representa para mí un collar de lágrimas: las del preso condenado a 30 años, del fusilado, del hijo que nunca más ve a su padre, la madre que le matan al hijo, el viejo en el exilio que muere añorándola, el preso que espera su condena, el opositor que lucha, al que golpean y abusan. La esperanza: ver un día su cielo azul, una vega de tabaco cubano y no de semilla cubana, la sonrisa de un pueblo, que mis padres no mueran sin ver a su Patria Libre. Cuba es mía, la comparto con aquél que la quiera libre, soberana y democrática.

Marisol Toraño
Activista
Madres Contra la Represión (MAR)
s/c: 20 de noviembre de 1960

Cuba... de niñez truncada.
Desde el Malecón, saludo la mañana.
Me acarician firmamentos de turquesa,
Hermanas aguas de esmeralda y añil
Y El Morro Castle, antes de las hamburguesas.

Cuba... de inocencia extraviada.
Derroche de himnos, banderas y alaridos,
Otra bomba extingue las luces de mi Habana.
En la tarde el Chino acopla mantecado en el barquillo
Mientras yo recojo los cascos de las balas.

Cuba... de adioses extirpados.
Piélagos cristalinos, palmas de majestad,
Aromas de molienda entre la terrible tempestad.
En la carretera por Matanzas, tiñosas vuelan al azar;
Rancho Boyeros nos espera, para nunca verte más.

René J. Silva
Maestría de Administración Internacional
s/c: 26 de diciembre 1960

Olor a tierra húmeda y a salitre, mezcla de sabores, melodías y ritmo, fusión de verdes y azules, dulzura de caña, humo de tabaco y sabrosura de ron, risa espontánea y contagiosa, isla mulata: Cuba. Es la anécdota familiar repetida de generación en generación, escuchada mil veces y siempre nueva. Es cuando el abuelo llegó de otro continente y se asentó y aplatanó para nunca más volver porque a fuerza de quererla se convirtió en su verdadero punto de partida. Paraíso de palmares infinitos, llanuras, montañas, mogotes; tierra roja, negra, amarilla, multicolor como sus hijos. Es La Habana y Oriente, fundidas la grandeza y majestuosidad de la una con el heroísmo, valentía y calor de la otra. Cuba es vida, amor... esperanza.

Sonia Frías
Directora. Presidente
Revista Socialite
Hija de Orestes Frías Roque, preso político, 20 años plantado
s/c: 30 de octubre de 1980

Cuba es mi propio ser. Salió de Cuba la materia hacia cuarenta y cuatro años, el pensamiento quedó en ella. Diariamente me siento visitando los 22 municipios de la provincia de Matanzas. Contemplo la belleza de su campiña, la que recorro en automóvil, a caballo haciendo política y cazando. Disfruto del mar en la bahía de Matanzas, la playa de Varadero y Buey Vaquita. Visito centrales azucareros, percibo el olor a melaza y saboreo el guarapo.

También paso por la ciudad de La Habana, por su bello malecón, el Paseo del Prado o la Quinta Avenida. Visito la tumba de mi inolvidable madre y otras familiares en el Cementerio de Colón. Siento y disfruto la música cubana. No puedo contener algunas lágrimas cuando recuerdo amigos que dieron su vida frente al asesino paredón de fusilamiento o luchando en la manigua matancera y en Playa Girón; a los que pasaron lo mejor de sus años en las ergástulas castrocomunistas; como tampoco cuando recuerdo a familiares y amigos que han fallecido en el destierro sin volver a una Cuba libre, democrática y soberana.

Para mí, Cuba es el motivo principal de vivir, para luchar por su independencia y trabajar en su reconstrucción moral, política y económica y para que jamás vuelva un cubano a sentirse humillado, perseguido, exiliado, o sea encarcelado o fusilado por discrepar con el gobierno de turno.

Roberto Rodríguez de Aragón
Abogado
Ex Representante a la Cámara por la provincia de Matanzas.

Cuba para mí es entrañable. Para mí es un recuerdo vivo que está latente, es un gran orgullo, es admiración, es respeto, cariño y una gran nostalgia. Es como una herida que no se cierra. Mucho dolor por tantos que han sufrido y no están aquí para contarlo. Salí de Cuba con mi madre el 30 de junio de 1961. Soy viuda, tengo 3 hijos y 8 nietos — me hubiera encantado que hubiesen nacido en Cuba.

Mary Lilliam Cancio Goudie vda. de Pujals
Supervisora, Centro Médico
Liga Contra el Cáncer

Cuba significa para mí la relación de una madre con su hijo. Ella quiere tenerlo bajo su protección y él quiere estar por siempre a su lado. Cuando alguien intenta hacerle daño nos enfrentamos como leones para defenderla. Eso hemos hecho y haremos por defenderte con mucho amor y todo riesgo. Porque te queremos, Cuba. Te queremos libre, soberana, justa, respetuosa siempre de todos los derechos de tus ciudadanos y el lugar donde podamos honrar a nuestros mártires. Quiero cuando muera, poder descansar en tu seno.

Por una Cuba libre.

Renán Llanes
Ex prisionero político
Cumplió una condena de 9 años

Nací en Cuba pero vine a los Estados Unidos de sólo tres años. A Cuba la conozco por mis padres y sé que la llevo en el corazón. Es un sentir de ser cubana, sin recuerdos de la isla que me vio nacer. Y es también un sentir de ser americana, sin entender por qué algunos no lo ven así. Lucho diariamente para poner mi granito de arena y poner en alto a mis dos países.

Berta A. Ruiz
Jefa de Asignaciones
Univisión – Noticias 23
Miami, Florida

Cuba es recuerdo perenne en mi memoria. Es mi tierra recostada en las paredes del ayer. Es un dolor de lejanía que me lleva a caminar por las memorias. Pienso en ella y regreso a los campos llenos de sol de mi juventud, al parque, al coro de la iglesia, a las primeras letras, al primer libro, a las huellas de mis hijos marcadas en la arena de una playa encantada. Su presencia se aloja en mis pupilas, va marcando el paso de los años y crece en las vivencias que regresan.

¡No la puedo olvidar! Y sigo amándola. Por su

recuerdo amo, sueño y pienso y escucho una palabra: ¡volverás!

Rogelia S. Castellón
Abogada. Maestra. Escritora
s/c: 1959

Cuba, solo traes lágrimas a mis ojos.

Eres la casa de mi abuela que no recuerdo visitar, con su framboyán azul que ella jamás olvidó. Eres la calle estrecha por donde llegaron mis aldeanos abuelos llenos de ilusión al nuevo mundo. Eres el brazo fuerte de mi padre que nunca pude entrelazar para andar errantemente por las calles donde todos lo querían y respetaban. Eres los quince que nunca bailé con él. El valle que solo conocí en mi clase de español en Miami. La arena blanca que nunca caminé con mis zapatitos de rosa.

Cuba, eres el sueño que no moriré sin realizar.

Rogelia Pérez Castellón de Mouawad
Agente de Bienes Raíces,
Inversiones y Desarrollo
s/c: 5 de junio de 1959

Cuba para mí es la tierra donde nació y se crió mi abuela. Donde llegó a mujer, se casó y tuvo a sus dos hijas. Donde todos los días realizaba sus sueños y donde un día se acabaron. Cuba para mí es la niñez de mi tía y mi madrina. Cuba es donde sembraron un árbol de magnolias en nombre del nacimiento de mi madre. Cuba es donde mi abuelo hubiera querido ser enterrado después de una vida gloriosa y llena de triunfos. Cuba para mí es la prisión donde sufrió mi tío 28 años de cárcel como preso político. Cuba para mí es una herencia, donde me toca completar los capítulos por acabar de mi familia y donde mis hijas disfrutarán de la niñez robada de mi madre, tía y madrina. Cuba para mí no es, Cuba para mí, será.

Ninoshka (Sacha) A. Reyes
Maestra
Nacida en Miami, Florida

Cuba is my family's heaven on earth that I would like to get to know.

Stephanie Mouawad
14 años
Nacida en Miami, Florida

Cuba is why we have to talk "en español".

Natalia Reyes
5 años
Nacida en Miami, Florida

Lo que representa Cuba para mí se puede resumir en dos pensamientos: Cuba fue y Cuba es.

Cuba fue mi cuna, mi maestra, mi madre. Aprendí lo más fundamental que un ser humano aprende. Eso arraigó en mí una cubanía y un amor por mi terruño, Güines, que nunca moriría en todos los años de exilio.

Cuba es, después de tanto tiempo, un sueño que uno recuerda, pero no totalmente, no tiene bordes, es como el humo, lo tratas de atrapar y se te escapa. Ese sueño es como una llama que nunca se extingue. Y esa llama la llevas tan adentro que es parte de tu personalidad, te define.

Ing. Manuel E. Taracido
s/c: 1ro de agosto de 1961
Programa de Pedro Pan

Cuba representa para mí el lugar en que nací y de donde viene mi familia. Cuba es parte de mi identidad. Cuba representa un vacío constante, algo inexplicable, el sentirse incompleto, que falta algo, desubicada, como estar perdida en el mundo, de paso, solo de paso, hasta poder regresar. Cuba representa mucho dolor y sufrimiento: años de espera, frustración, separación, impotencia, muertes, injusticias y violaciones de derechos humanos. Cuba representa algo muy cerca y al mismo tiempo difícil de alcanzar... como un sueño que nunca llega a realizarse.

Lydia María Usategui
Psiquiatra
s/c: 1960

Lo único distintivo que muestro, es mi cubanía. No creo tener un título ni diploma mayor que mi orgullo cubano. No sé si moriré en mi tierra, pero sí sé que volveré a nacer en La Habana. Creo tener el derecho de darle mucho más. Por ser de Cuba es que no acabo de sentirme parte de donde estoy. Es magia, es no sé qué, pero sigo allá.

Manuel Pozo
Ex prisionero político

Sueños de ayer, realidades de hoy. Convicciones forjadas a través de los ojos de mi mejor amiga.

Emma Rosa Cortés
s/c: 21 de mayo de 1961

Cuba, un nombre tan corto que representa mis raíces, mi juventud y la nacionalidad de la que me siento tan orgulloso de ser. Por un tirano que engañó a la mayoría de los cubanos, tuvimos que exiliarnos. Hoy soy un cubano-americano viviendo fuera de nuestro querido país. Los Estados Unidos de América, a mucha honra, es mi segunda patria. Gracias a Dios, que siempre me ha protegido, tengo una bella esposa, hijos, nietos, madre, hermana y familia. Sigo siendo intransigente en lo que se refiere a Cuba. Cuba para mí es libertad con dignidad, cero diálogo con un desgobierno dirigido por un asesino. Estoy a favor de continuar sancionando a Castro y vivo deseando una futura Cuba libre y soberana.

José A. Cancio Goudie
Presidente de Super Mix Concrete
Miembro de la Brigada 2506
s/c: 1960

Para mí, Cuba representa mi isla privada, donde nací, me crié, eduqué, viví en familia y con amigos. Representa, sobre todo, la ciudad de La Habana, donde viví cuarenta años y pasé alegrías y penas. De Cuba recuerdo el verdor, su luz, su mar, sus calles bulliciosas, su gente. Recuerdo también su aire suave y su olor a mar. Todos los días, en mi hogar exiliado se recuerda a Cuba.

Rosa Abella
Doctora en Filosofía y Letras
Fundadora Colección Cubana.
Profesora Emeritus, Universidad de Miami.
s/c: 1961

Cuba para mí es materia y espíritu. Cuba es el verdor de sus campos, el correr de sus ríos, la serenidad de sus playas, la frondosidad de su vegetación, sus flores y su fauna. Pero, sobre todo, Cuba es su pueblo. Un pueblo alegre, irresponsable muchas veces, con gran sentido del humor, lleno de bondad para sus amigos, en una amistad que ha elevado a culto y, sobre todo, con un inmenso amor a la libertad.

Y es ese amor a la libertad lo que nos ha hecho

que por más de cuarenta años algunos y, más recientemente, otros, y sintiéndonos desarraigados al tiempo de agradecidos, estemos dispuestos a ofrecer el sacrificio máximo en aras de una libertad que disfrutarán otros.

Ofelia Tabares-Fernández
Presidenta
Museo Cubano
s/c: 24 de octubre de 1960

La pregunta sobre lo que representa Cuba para mí, me ronda lastimosamente el alma. Cuba es mi patria. Y aún no alcanzo a concebir cómo es posible que pueda yo vivir sin ella. Disfrutar del legítimo derecho de respirar el aire puro de la libertad en la tierra que nos vio nacer, siempre ha sido el anhelo máximo de todos los cubanos. Y ahora que llevamos sufriendo más de cuatro décadas, no me resigno, ni me resignaré jamás, a padecer la ignominia de estar lejos de nuestra inolvidable Cuba. Ha sido una horrible pesadilla que espero, con el favor de Dios, se desvanezca muy pronto para el soñado regreso a nuestra añorada isla.

Pili de la Rosa
Fundadora y directora de la Sociedad Pro-Arte Grateli.
s/c: 23 de julio de 1961

Provengo de una familia mambisa y de otra civil, conspiradora por la independencia de Cuba. Eso me marcó para siempre. Habanera y vedadeña. Allí pertenezco y quiero volver en libertad. Allí se forjaron mi idiosincrasia y los recuerdos inolvidables de mi niñez y juventud. En casa se habló siempre de la república. Cuba representaba para mí el placer de la libertad cívica, el progreso, el orgullo del crecimiento de sus instituciones. Era tan natural sentirse cubana. Cada día recuerdo a mi patria. No concibo otra manera de vivir.

Rosa Leonor Whitmarsh
Doctora en Filosofía y Letras
s/c: 15 de diciembre de 1961

Para mí, Cuba es la suma de un conjunto de sentimientos. Mi familia, la tierra donde nací, sus aromas, sus ríos, palmeras, paisajes, amistades. Desafortunadamente, los cubanos tuvimos que hacer lo que un día dijo Simón Bolívar, el libertador de América: "Huid del país donde una sola persona ejerza todos los poderes." Y aquí en el exilio seguimos luchando por nuestra patria, porque, sin duda alguna, la ley del deber es más poderosa que los sentimientos del corazón. Y seguiremos en nuestra lucha, porque el hombre de bien y valor debe ser indiferente a los choques de la mala suerte y tuvimos la mala suerte que Fidel Castro tomara el poder. Y a esa mala suerte nos debemos enfrentar con valentía y arrojo, y seguir luchando hasta conseguir la libertad de nuestra querida patria.

Carlos Núñez
Vicepresidente
Leon Medical Center
s/c: 1960

Cuba es algo más que un rincón de nostalgia, después de tantos años de exilio. Cuba es una especie de fragmento de uno mismo secuestrado por la dictadura, vejado por la opresión de la dictadura y despedazado por el liderazgo de la dictadura. Cuba es también la esperanza de la redención de nuestra identidad, esperanza que sólo se materializará con una sociedad civil en la que primen los valores democráticos y el respeto a los derechos y las libertades fundamentales. Nuestros padres y abuelos solían decir que sin azúcar no hay país, pero hemos de aprender lo esencial: sin libertades y derechos no hay país.

Jesús Hernández Cuellar
Director, Contacto Magazine
New Jersey
s/c: 19 de diciembre de 1983

I came to the United States at the age of two, the son of exiles. Since then, I have lived most of my life in Miami, surrounded by the exile community. What Cuba represents to me is what I have experienced in this community, never knowing the island on an intimate basis, but through the eyes of those I grew up around.

I could tell you about that period of my life where all I wanted to do was to blend into Middle America and hope that no one would recognize Jorge as a Latino name. Finally, I could talk about the realization that no matter what I did, there was always going to be a part of me that would be this "cubiche". Yet, behind all of this, at the core of who I am, it is pride that I find to be the heart and soul of what Cuba means to me. I come from a proud family, distinguished in Cuba as well as in the exile community. They were always proud to be Cuban. I find pride in the way they overcame the obstacles of immigration, to become successful in a country that usually takes two or three generations to accomplish what they did in less than one. I find pride in the fact that this was done honestly and with care, always giving a hand to those around them as they succeeded. I found pride in their ability to adapt to a new life style while still maintaining everything that was beautiful about their old one.

The experience of being Cuban is what Cuba represents to me. To realize that no obstacle is too big! To meet these challenges with determination and honesty. To help whom I can without the need to be given in return and on top of all this, to do it with that sense of humor that we Cubans are known for.

Jorge R. Centurión López Oña
Dentista
Advisory Board for the University of Florida School of Dentistry
Advisor to the State of Florida Board of Dentistry
s/c: 1960

My most vivid recollections of growing up on the island, which like most Cuban of my generation I fastidiously replay over and over, revolve around family. In retrospect I see that the importance of the Cuban family on the island can never be overstated since it formed a cocoon of love and support that most Cuban children enjoyed across every socio-economic group. Childhood was usually idyllic for Cuban children, in part for its independence and sense of adventure, which I liken to a criollo Swiss Family Robinson, while at the same time primarily revolving around family. The most astonishing times were those spent on vacation with an extended clan of cousins and life-long friends. But then again, everyday life was wonderful in Cuba, for within the daily routine there were a million delights for the senses. I loved the hustle and bustle of Havana, its accessibility and intimacy, where neighbors were second only to family. The breeze carried the animated chatter of neighbors, but also the life of the streets, horns blaring, vendors shouting or the crash of the waves against the Malecon.

Pinar del Río, a distinct sensory contrast to Havana in so many ways, was home to most of the Cuervos. There, one could not help relishing the quality of the light, the crowning of roosters or the sweet smell of tobacco. But always I go back to family. Pinar was where the Cuervo family folklore was told, and told once again, as grandparents, uncles, aunts, cousins, and assorted visitors assembled on rockers after dinner on the ubiquitous front porch.

Mario Cuervo
Psiquiatra
s/c: 13 de julio de 1960

Cuba es un sueño y una pesadilla; sabor agridulce – ¡a orgullo, a dolor! Pocas son las memorias propias que guardo de Cuba – los seres amados que jamás volví a ver; una larga espera y una triste despedida. Habían pasado muchos años cuando la misma causa de nuestra angustia tocó a mi puerta, disfrazado de ángel, pero enviado por el mismo demonio que nos arrancó a nuestra tierra, y con ella, nuestra familia y tranquilidad. Deseando recuperar a mi Cuba, le abrí la puerta al impostor. La traición me transformó, y ahora Cuba y el pueblo cubano son parte de mi vida diaria. Aún anhelo el regreso a nuestra tierra prometida, y a pesar de que la pesadilla continúa, mantengo la esperanza – ya se acerca el día en que se convertirá en un sueño realizado para todos porque ¡Cuba será libre!

Ana Margarita Martínez
s/c: 14 de noviembre de 1966

El ser humano en su formación, hábitos, gustos, ideales y otros aspectos de su personalidad, indudablemente es producto de sus experiencias.

¿Qué soy? Soy la Cuba que como concepto inefable y etéreo llevo por dentro y por fuera. Soy el sonido de las campanas de una vieja iglesia de pueblo. Soy el recuerdo del sabor del primer café que probé y del olor del pan recién horneado. Soy los versos de Martí y también sus rosas blancas.

¿Qué soy? Soy el susurro del viento cuando acaricia las palmas. Soy el tímido beso de la vecinita del barrio. Soy las risas de los niños jugando a los escondidos.

¿Qué soy? Soy el divino olor a gardenias del jardín de mi abuela, el canto del gallo en una mañana temprano, el rugir del mar en una playa tranquila, el calor de la familia, mis costumbres y tradiciones, el piano de Lecuona y los tambores negros.

¿Qué representa Cuba para mí? Algo eterno que no está en ningún lugar y está en todos. Algo que forma parte de mi memoria genética. Algo que duele al corazón y a la vez lo alegra. Una amorosa preocupación y un siempre y eterno recuerdo.

Raúl Fabio Pino
Abogado. Escritor.
Director, Consejo por la Libertad de Cuba
s/c: 17 de abril de 1967

Cuba para mí representa toda mi vida, la pasada, la presente y la futura. Mis vivencias de niña y de adolescente, mis padres, mis abuelos, toda mi familia, mis colegios, mi universidad, mis amigos, mis sueños, mis noviecitos y el amor de mi vida, que todavía está a mi lado. Representa la más linda ilusión, que jamás podré olvidar. Un amor muy grande que he cultivado en el corazón de mis hijos y nietos.

Representa mis antepasados, que lucharon por dejarnos una patria libre e independiente y un ejemplo maravilloso de lucha, de moral, de civismo y de logros honradamente ganados. Cuba para mí es el ser yo misma, pues, después de 42 años todavía sé que es mía y lo será para siempre. El día que yo regrese a mi Cuba libre, no volveré ser jamás extranjera.

Gemma de Céspedes de Crews
Activista
Miembro de Madres contra la Represión (MAR)
s/c: 23 de febrero de 1961

Cuba para mí sigue siendo la Patria en que nací y "la tierra más hermosa que ojos humanos hayan visto". Lamentablemente, desde nuestro regreso de prisión el 25 de diciembre de 1962, solo en fotografías o por televisión la he podido ver de nuevo. Soy partícipe de la creación del Consejo por la Libertad de Cuba, organización patriótica a la cual dedico mis mejores esfuerzos con la idea firme de lograr una verdadera Cuba libre como república democrática basada en los principios de Dios, patria y libertad. Ese es el anhelo de mi vida para Cuba, mi Patria, y es el objetivo por el cual lucharé hasta lograrlo.

Luis Arrizurieta Sardiñas
Veterano de la Brigada 2506
Director, Consejo por la Libertad de Cuba
s/c: 30 de diciembre de 1960

A los trece años fui enviado a una cárcel por desobediencia a las autoridades. Luego fui reubicado en una granja de trabajo agrícola. La experiencia tuvo un impacto revelador para mí y en casi dos años como prisionero me di cuenta que no era un niño quien estaba tras las rejas; Cuba era quien estaba presa: presa del miedo, el terror y la opresión. Entonces, comprendí que Cuba era una doncella encerrada en la torre de un castillo de hierro, una bella durmiente que espera su beso de libertad. Cuba es mucho mas que mi familia, mi barrio, mi infancia. Cuba es mi propia existencia, y solamente ella, totalmente emancipada, es la única que puede hacerme, por primera vez, completamente libre.

Juan Cuellar
s/c: 1971, nadando 8 horas a través de la Bahía de
Guantánamo.

Para mí, Cuba es un sollozo en la garganta ahogado hace tantos años. Una estampa en el recuerdo de la brisa más dulce, la arena más blanca y fina, las noches más acogedoras y los días más brillantes, del continuo murmullo del son, la poesía, y nuestra dulce lengua por doquier. La imagen, que no se borra, de nuestros campos y nuestras palmas y el azul de nuestro mar inigualable en Varadero. Y el sentir que aunque he vivido más años de mi vida lejos de ella, ésa es mi tierra.

Jorgelina Iglesias Piñero
s/c: 12 de enero de 1961

Cuba es la patria que no conozco y de donde salí a muy corta edad un 17 de mayo de 1965 con mis padres y hermano en busca de libertad. Es la tierra que me llama y que deseo conocer. Es el encanto de un sueño por descubrir los lugares de los cuales tanto he oído hablar. El nombre Cuba representa para mí un sentimiento de sufrimiento pues esas cuatro letras encierran mucho dolor, tanto para los cubanos de la isla como los del exilio. Cuba conlleva a pensamientos de rebeldía al ver como tantos países la han abandonado a su suerte, casi con placer de saber que el país que era una vez un lugar paradisíaco es hoy en día un infierno de esclavitud. Cuba es la esperanza de saber que todo lo malo tiene su fin, y el fin de Castro se acerca. Cuba es la ilusión de poder un día pisar la tierra que me vio nacer. Cuba es el país de todos los cubanos en donde un día no muy lejano se reconstruirá un país libre, democrático y próspero para el disfrute de las generaciones venideras.

Lillian M. López
President/CEO
Cámara de Comercio Hispana del Sur de la Florida

Sin Puntos ni Comas

Cuando en Cuba reine la verdad sobre la mentira
Apareceré
  En medio de la algarabía multitudinaria
  Guardián de la libertad
  Detrás de una barricada
  Sobre una caja a modo de tribuna hablando
  O muerto

  Ausente presente en los recuerdos
Pero apareceré
  Sin ínfulas de vencedor
  Con el mismo sueño a cuestas
  De cuando éramos muy jóvenes
  Con tu idea y la mía plasmadas
  La de todos
Apareceré
  Como un juez repicando la maza del derecho
  Sobre la testa de la fuerza
  Para que prevalezca la justicia
Apareceré
  Dame entonces tu beso

  Novia que guardo desde la escuela

  Los años de la guerra

  La soledad del presidio

  La añoranza del destierro

  Dame que necesito ese beso de reencuentro

Justo al vislumbrarse la aurora
Para confundirnos en un abrazo de sol
Aire y tierra propia
Que despeje los últimos vestigios
De nuestra larga y terrífica noche pasada.

Roberto Cruzamora
Fue capitán revolucionario, cumplió 7 años de prisión

Cuba para mí es un recuerdo dulce y triste. Ese amor perdido que nunca logras recuperar, que jamás se olvida y que sólo Jesucristo ha podido consolar.

Millie García

Cuba y mi familia son mis dos grandes amores. Es el respeto, la gratitud y la admiración por las miríadas de hombres que lucharon, y los que murieron, por su independencia de España. Mencionemos solo a dos, uno por cada uno de las dos grandes gestas emancipadoras: Ignacio Agramonte y José Martí. Y uno por la que se libra desde hace más de 40 años: Pedro Luis Boitel. Como este último, creo firmemente que "los hombres no abandonan la lucha cuando la causa es justa".

Cuba es un amanecer multicolor sobre el inmenso mar turquesa. El amanecer más bello del mundo. Es el atardecer rojizo que representa la sangre derramada por nuestros héroes de ayer y de hoy. Hasta que los cubanos, todos juntos como hermanos, logremos hundir en el fondo de los mares la mano que empuña la daga sin piedad. Cuba es el cantor del sinsonte sobre la pradera verde; los luceros que brillan más sobre nuestra isla que en los cielos de otros territorios. Porque cada una de ellas es el alma de un patriota alumbrando nuestra senda. Esa que caminamos enhiestos los cubanos con dignidad y vergüenza, hasta que un día podamos gritar al mundo que conquistamos la paz. Que en esta isla sin igual ya hay paz; se respetan los derechos de los que ahí nacimos y los de los que habrán de nacer — en este siglo y en los venideros.

Rodolfo Pardo
Director, Consejo por la Libertad de Cuba

Por más de dos décadas dejé de ver a mi patria, pero la siento siempre cercana. En mi alma, el recuerdo de su noble suelo constantemente está vibrando junto al deseo intenso de su democratización. Cuando la nostalgia me asalta, recurro al Padre, todo bondad, para que ilumine mi espíritu y renueve mi fe de que volveré a una nación libre. Mientras tanto, me consuelo admirando a tantos hermanos que allí han asesinado o han cumplido prisión por oponerse valientemente a los opresores; igualmente, me llena de orgullo contemplar la dignidad que aún prevalece entre mis compatriotas atrapados y en los desterrados que no doblan la cerviz, que aunque libres, siguen pensando en la patria que llora.

¡Señor, sálvanos!

María Argelia Vizcaíno
Periodista. Escritora
s/c: 19 de mayo de 1980

Durante los primeros veintitrés años de mi vida, Cuba para mí era algo concreto, silenciosamente mía, cuyo suelo pisaba a diario, sin imaginar siquiera por un instante el enorme privilegio que ese simple gesto cotidiano conllevaba, y mucho menos podía adivinar, entonces, cuánto iba a añorar por los próximos cuarenta y tres años el poder de nuevo algún día caminar por la tierra de mi Patria. Una vez separado de ella, Cuba se fue asentando dentro de mí como el valor central de mi existencia, transformándose en una especie de eje alrededor del cual se iban a desarrollar mi manera de actuar y de pensar, y cuya esencia iba a regir impunemente la manera de yo valorar mi propia vida, ahora de extranjero. Se volvió Cuba, a la vez, pasado, presente y futuro. Aún más, se volvió esperanza. Y así, de esa forma, aún espero...

José M. Martínez-Cañas
Galería Elite Fine Art
s/c: 18 de agosto de 1960

En Cuba, a la edad de 17 años, por mis ideas, los comunistas troncharon mi derecho a estudiar. Eso me dio fuerzas para unirme a grupos defensores de los derechos humanos y civiles, que pacíficamente con sus armas de amor a la libertad, dignidad y valor, arriesgándose a desgarrantes condenas, defienden sus ideales. Hoy vivo en libertad, pero presa de mis sentimientos por mi adorada isla. A veces, cuando palpita mi corazón, siento como si dijera "Cuba".

Ohalys Victore
Phoenix, Arizona
s/c: 24 de abril de 2002

El amanecer produjo una explosión cósmica en mi vida, cuyos fragmentos se regaron no sólo en el espacio, sino también a través de un golfo, el cual 40 y tantos años más tarde no he logrado cruzar. La mañana del 2 trajo con ella la anticipación y desgarrante tristeza que sólo la niñez es capaz de producir y sentir. Trajo la entrada al Aeropuerto José Martí, y la salida de todo lo que era familiar y querido para mí: mi idolatrada abuelita Rosa, y la posibilidad de jamás poder volver a ver mi querido pipo (mi padre). ¡Pero el amanecer también trajo el deseo de no darme por vencida!

Ida Tamargo Bilbow
Maestra
s/c: 2 de septiembre de 1961

Cuba es el hogar de todos y "cuando un hijo se va, nunca se le rompe el plato" decía mi abuelo, para que cuando regrese encuentre su plato esperando.

A Cuba se le quiere tanto que a veces siento me duele físicamente el no caminar por ella, reir en ella y llorar allí con ella. Pero, sobre todo, no poder compartirla a diario con mis tres hijos, con mi marido y mis muertos enterrados en lejanas tierras. Ahora con mis nietos tengo que inventar alegrías y tristezas variadas lejos de sus costas, hasta que un día ellos también puedan encontrar sus platos esperándoles.

Mely Llenín González
s/c: 13 de marzo de 1962

Cuba es la herida que se mantendrá abierta hasta el día en que los cubanos, todos, los de aquí y los de allá, logremos hacerla libre y cubanamente soberana.

Cuba es la familia, las amistades, la escuela en la que estudiamos, la calle en que vivimos, nuestras costumbres y tradiciones. Cuba es ese pedazo del corazón que dejamos atrás cuando salimos de ella y que no recuperaremos hasta el día del regreso. Repitiendo, a mi manera, el pensamiento de Martí: "¡Cuba es la novia que amamos y que aún espera!".

Jorge Lamerán Bruce
s/c: 25 de agosto de 1961

Cuba para mí es su ardiente sol tropical, el paisaje de altas y orgullosas palmeras, sus bellas playas caribeñas. Es mi novia querida, a quien amo y venero. Es la tierra donde tuve la gran suerte de nacer, de conocer su historia de grandes y valientes hombres como Martí, Maceo, Agramonte y muchos otros héroes de nuestra independencia. Cuba es mi Patria, y aguardo ansioso el día en que pueda llegar a ella de nuevo, libre y soberana, escuchar el himno nacional, saludar nuestra bandera de la estrella solitaria, después de haber sufrido tanto, ella y yo.

Eduardo A. Palmer Biosca
Productor
Documentalista
s/c: 13 de noviembre de 1960

Cuba, mi pensamiento inseparable... mi lágrima a flor de piel. Es el dolor, sin consuelo, de haber sido arrancada de mis raíces. Una lección de "Amor a la Patria" grabada en mi ser. Es unas ansias de llegar en un tiempo que se me acaba. Es sentir dolor por mi pueblo sin esperar nada de él.

Georgina Shelton Prats
Vice Presidenta Ejecutiva
Liga Contra el Cáncer
s/c: 16 de diciembre de 1960

Cuba es Mi Patria. Tengo ahora una segunda patria que he aprendido a querer, pero Cuba es: Mi Patria. Era bella, hermosa, radiante, alegre, suave, acogedora, confiada, inteligente, bondadosa, triunfadora y era: Libre.

En Cuba nací, allí me crié, pasé mi infancia, mi adolescencia, me hice mujer, me casé y nacieron mis cuatro hijos. En ella pasé los momentos más felices de mi vida y también los más dolorosos. Cuando me fui dejé todas mis raíces, todos mis recuerdos, toda una vida.

Pienso en ella siempre. No la olvido nunca. No la puedo olvidar. Sé que algún día volveré, porque ella volverá a ser libre. Y allí en Mi Patria: descansaré.

Ofelia Arango
Fue arrestada y juzgada junto a su esposo Manuel Puig Miyar,
que fue fusilado el 20 de abril de 1961 mientras ella se
encontraba en prisión.
s/c: agosto de 1961

Salí de Cuba el 1 de enero de 1962, acompañada de mi esposo, Agustín Cruz, y mi hija Amada de Lourdes Cruz que tenía solamente nueve meses. Dejé en Cuba a toda mi familia cercana, madre, hermanos, tíos. Quiero ser verdaderamente sincera, así es que diría que, a pesar de la separación de la familia, sentía cierta esperanza de una vida mejor para mí y mi pequeña familia. Mi padre, Menelao Mora, había muerto en el ataque al Palacio

Presidencial en 1957 y a la caída de Batista, la mayoría de la familia apoyó al nuevo gobierno. Puesto que nosotros no lo hicimos, sentíamos que se empezaba a establecer cierta distancia entre mi madre, mis hermanos y yo. Mi juventud había sido tan triste que podría decir que no tuve juventud como otras de mis compañeras que disfrutaban de fiestas y paseos. Recuerdo cuánto sentí — hasta el día de hoy — no haber podido graduarme con un vestido bonito del brazo, si no de mi padre que ya había muerto, al menos de mi hermano. Pasaron los años en este país, trabajando y estudiando y criando a mi hija sin hacer demasiado hincapié en lo que habíamos dejado atrás. Regresé a Cuba por primera vez exactamente 20 años después de haber salido definitivamente. Mi madre estaba muy enferma y se me concedió una visa "por razones humanitarias." En aquella época los viajes eran difíciles y desagradables. Volví a los dos años y después que mi madre murió, sin yo haberme enterado hasta después del entierro, juré no volver más hasta que Cuba fuera totalmente libre. En esos años murió mi hermano mayor, Alberto, y sólo me quedó por allá mi hermano Menelao y su familia.

A pesar de nuestras diferencias ideológicas, siempre me sentí muy unida a la familia Mora y siempre he pensado que uno de mis grandes errores fue el no mantener mi apellido de soltera al hacerme ciudadana americana. Mi hermano Menelao siempre tuvo un lugar muy especial en mi corazón porque lo vi sufrir tanto cuando mataron a nuestro "papá". Así pues, el año pasado en el mes de noviembre decidí ir a visitarlo. Y lo único que puedo decir es que 40 y tantos años en este país no me han hecho americana. Aunque quiero y le estoy agradecida a los Estados Unidos, soy cubana cien por ciento. Cuba es y será siempre mi patria, donde crecí y aprendí a vivir, donde tengo enterrado a mis padres y mi hermano, a donde quisiera volver, si no a vivir, a pasar largas temporadas. Y esa "cubanía" la veo reflejada también en mi hija, quien a pesar de haber sido criada en "el norte" (como dicen en Miami) se identifica como "cubano-americana" tanto en su trabajo, como en su vida personal. Recuerdo cuando el problema de Elian cómo ella me llamó horrorizada por lo que había pasado aquí en Miami y cuán agradablemente sorprendidos nos quedamos su padre y yo con esa reacción.

Hace algunos años, la Universidad de FIU organizó un acto puramente académico para recordar el aniversario del ataque a Palacio y me invitaron a participar. Cuando empecé a hablar de mi padre, de sus luchas por una Cuba mejor, casi tienen que "arrancarme" del micrófono. Siempre he creído que una verdadera historia de Cuba no puede escribirse sin mencionar a la familia Mora. En fin, que para mi Cuba lo es todo, patria, familia, amigos y esperanza.

Amada Mora de Cruz

Mi padre, Fructuoso Rodríguez, fue asesinado un 20 de abril de 1957, a los 23 años, cuando aún era estudiante de Agronomía y trataba de instaurar el orden constitucional que había sido arrebatado por Fulgencio Batista a solo 80 días de celebrarse unas elecciones libres. Ya desde ese entonces mi país no descansa, nunca más han existido elecciones libres y democráticas. Nunca más han estado las distintas tendencias representadas en los sufragios populares, las cárceles siguen llenas y las torturas no han cesado.

Me eduqué en instituciones militares y en escuelas al campo. Casi seguro debería haber sido entre los más representativos del hombre nuevo, pero en mi caso no resultó dicho experimento. Desde que tengo uso de razón, como todos los cubanos, he estado estrechamente vinculado a la imagen de Fidel Castro. Tal vez, ése sea el motivo principal por el cual el recuerdo de mi Cuba sea tan nefasto. Al marcharme de mi país, tomé la determinación de nunca más volver a él. He de confesar que he detestado todo lo que huela a Cuba de una manera radical. De igual forma que los olores nos pueden retrotraer en el tiempo y en las personas, los olores de mi Cuba son detestables.

Me crié junto a los asesinos, gendarmes y torturadores que desgobiernan mi país, los conozco a todos, sus formas de vida, sus pretensiones, la forma en que mienten al pueblo, de la forma en que se han adueñado de la vida y la existencia de toda una nación.

El 10 de enero de 1989 a las 6 AM despegó mi vuelo hacia Buenos Aires. Había contraído matrimonio con una ciudadana argentina, motivo por el cual me habían permitido abandonar mi país. No sé si llamarle a ese vuelo "vuelo de la libertad" o, simplemente, llamarle "vuelo hacia la otra Cuba": la Cuba libre. La Cuba en que nací y me crié es el sinónimo de una pesadilla, de una mala palabra, de un mal endémico, de un perenne llanto, del eterno sufrimiento.

De forma extraña e inesperada descubrí una nueva Cuba, la Cuba que yace en Miami. Esa Cuba que, de forma irracional, no ha dejado de pensar, soñar y oler esa tierra de perennes lamentos. Esta Cuba llena de esperanzas y oportunidades me ha hecho imaginarme otra Cuba llena de alegría, música y exenta de marchas, odios y represiones. Hasta he conocido la comida y el sabor de mi país, de un país imaginario que solo los que lo vivieron pueden creerlo y contarlo. Ojalá esta buena gente pueda ver a su país como lo han soñado, yo los escucho e imagino. Con ellos yo me ilusiono y pienso en una Cuba diferente, una Cuba con el solo compromiso de la libertad. Una Cuba sin los Castro, comparable al estallido de las flores en la primavera.

Osvaldo Fructuoso Rodríguez
Abogado
Comentarista radial - WQBA

Para mí.... ¡Cuba es todo!

Raoul García Cantero II
Abogado
s/c: 1959

Para mí, Cuba es un sueño que desaparece al despertarse, una memoria sin haber disfrutado la realidad. Cuba es los cuentos de mis padres dichos sobre la mesa de comer. Es una medida escondida que se usa para medir todos los actos, los sabores y las vistas del presente. Cuba es la comida que he comido en tantos restaurantes y casas, el café que tomo todos los días, la guayabera que me pongo para salir. Cuba, para mí, es como el cielo, donde algún día quisiera llegar, pero del que por ahora solamente puedo soñar.

Raoul García Cantero III
Magistrado de la Corte Suprema de la Florida
Primer cubano nombrado a la Corte Suprema

Cuba es, hasta hoy, el único dolor que mi alma agradece.

Alina Fernández Revuelta
Comentarista radial, WQBA
Autora del libro "Alina, la Hija Rebelde de Fidel Castro"
s/c: diciembre de 1993

Cuba es — debe ser — el hogar grande de todos los cubanos. Desde hace 44 años, ese hogar grande ha sido destruido y ultrajado por el sucesor del carnicero Valeriano Weyler, pero resucitará, resurgirá de sus propia cenizas, como el Ave Fénix. Para mí, contribuir a la liberación y a la reconstrucción de Cuba es un deber sagrado e irrenunciable. En espíritu, nunca he salido de Cuba y a Cuba continuaré sirviéndola hasta mi último aliento, como la he servido, con humildad, desde que tengo uso de la razón y como lo hicieron mis antepasados en la manigua redentora. El hogar nunca se olvida. El hogar es de todos y todos somos el hogar.

Dr. Rafael Díaz-Balart
Fue líder de la mayoría de la Cámara de Representantes
s/c: 1959

Después de más de cuarenta años de mi salida de Cuba aun siento gran amor por ella y espero el día que su pueblo pueda ser libre. Los recuerdos de mi niñez son todos de Cuba. Días felices y sanos. Mis recuerdos de las playas y mi colegio son inolvidables. También recuerdo mis deportes y mis amigos. Cuba es un lugar privilegiado con su belleza natural y su gente emprendedora y con determinación de abrirse paso. Yo veo un futuro lleno de cosas positivas una vez se restaure un gobierno representativo y de libertad. Aunque llevamos años fuera, nunca perdemos el amor por la patria y nuestros hermanos que aun sufren en ella.

Mel Martínez
Abogado
Secretario de Vivienda de EE.UU.
s/c: Como parte del programa Pedro Pan, por el cual más de
14,000 niños, separados de sus padres, viajaron a Estados
Unidos en calidad de refugiados, al principio de los años 60
Ha sido el primer cubano nombrado al gabinete del presidente
de los Estados Unidos

Cuba para mí significa todo. La patria que llevaré en el fondo de mi corazón hasta que muera. Una isla bella y, al mismo tiempo, desafortunada, por contar entre sus hijos a un demente y asesino como Fidel Castro. Un individuo que no cree en Dios, carente de sentimientos y con una crueldad extrema, que la ha destruido. Cuba tiene un pueblo bueno, inteligente y trabajador, que siempre brilló en América y merece ser libre, para brillar de nuevo.

Esperanza Llaguno Vda. de Urrutia
Fue primera dama durante la presidencia del Dr. Manuel
Urrutia de enero a julio de 1959, cuando fue obligado a
renunciar por Fidel Castro.

Cuba es toda una vida vinculado a su historia. El momento para mí más inolvidable fue cuando tuve el honor de acompañar a mi jefe e ídolo, el General Mario García Menocal, a la sede del capitolio, donde se inauguraron las tareas de la Constituyente de 1940.

Santiago Rey Pernas
96 años de edad
Abogado, fue Representante a la Cámara, Gobernador
Provincial por Las Villas, Senador y Ministro de Gobierno
Delegado a la Convención Constituyente y firmante de la
Constitución de 1940
s/c: 1959

La Tierra Prometida

Hoy vi desde el aire una tierra
—como tantas otras tierras que he visto desde el aire—
cuadriculada en verdes y marrones,
rectangularizada en colores y quimeras.
Desde mi asiento en el aire,
Invadiendo la privacidad de mi espacio remoto,
Se estremeció mi sangre sentada
Y tuve que contener en silencio
Los siglos de espera para volver a verla.
A miles de pies de altura
Surqué sus cielos,
Y desde mis impotentes ojos
Pude mirar los azules de sus playas,
Los blancos espumosos de su figura,
El accidentado perfil de su topografía.
Atravesé en pocos minutos
Su corta anchura geográfica,
Sin saber qué parte de su cuerpo
Quedaba aprisionada en mi pupila.
En un día claro y limpio,
Un mediodía de soles y azules transparentes
Dejé volar estupefacta
La larga ausencia endurecida por siglos.

Me imaginé desde su techo intangible,
Cabalgándole la piel verde de su campo en celo.
Con los ojos, me nadé libremente sus aguas cristalinas
Para luego quedarme dormida en su blanca arena,
Tostándome al sol espléndidamente mío.
Sólo un atardecer de brisa y estrellas interrumpió
El plácido sueño con que acariciara mi tierra.
Entonces lamí —desde mi ventana y con la memoria—
Su lomo estrecho y hasta donde mi vista alcanzara.

Desde aquella absurda altura mecánica
Quise abrazar la visión del mapa
Que se me alejaba
Para devolverme a mi asiento de pasajera del mundo,
A mi prisión de desterrada.

Con mis ansias casi logro arrancarle un pedazo
De su tierra
Que corrí a aprisionar vanamente entre mis manos.
Para calmar mi dolor de distancia
Quise quedarme con algo que me sostuviera mil siglos
Hasta poder abrazarla con fuerzas.

Con mi angustia sólo alcancé a rozar
Un pedazo de su cuerpo,
Y tanto me estiré en el intento
Que dejé caer en el espacio
Una gota de sangre adolorida
Y una gota de lágrima cansada.
En mis labios se quedó el beso que apretaba
Y en mis manos sepulté el adiós definitivo.

Un vil sonido me devolvió a mi asiento de poeta,
A mi tránsito continuo, a mi silencio sentenciado.

Verte de nuevo me devolvió a la locura,
A la demencia permanente.
A la esquizofrenia inevitable.

Vuelo de AA 975 Miami-Panamá
14 de junio de 1992

Gloria Leal
Periodista. El Nuevo Herald.

210

Quisiera ser eterna para asegurar mi regreso a ti, Cuba mía. La incertidumbre de si volveré a verte es motivo de mucha tristeza y dolor. Le pido a Dios que me permita recorrer, después de tantos años, cada rincón donde quedaron mis vivencias, hoy convertidas en recuerdos. Cuando la nostalgia me golpea el alma, echo la imaginación a volar y me veo de la mano de mis hijos y nietos, llevándolos ante la tumba de mi padre, enseñándoles el parque donde aprendí a patinar, la escuela donde cursé estudios — mi querido Instituto Edison — así como los lugares donde viví. Y allí, bajo el cielo habanero que ellos ya saben que es más azul, poderles decir: "aquí están sus raíces; por fin, hemos llegado."

Mirta Iglesias
s/c: 18 de agosto de 1961

Inmensos contrastes. Un mundo feliz ajeno a las despedidas y mucho más a las revoluciones. Es la llegada de lo que destruyó aquel paraíso. Cuba es recuerdos atrapados a la fuerza y acariciados con ternura. Es el fresco olor a salitre que de niña se impregnaba en mi cuerpo. Es el fétido olor de los cadáveres descompuestos de dos niñas balseras recogidas en Cayo Perro para darles sepultura cristiana. Es rabia al escuchar una madre desde Cuba denunciar cómo su hijo fue reventado a culatazos. Es pasarse la noche en vela para trasladar a un balserito cubano en estado de coma, desde las Bahamas, y verlo morir a su llegada a Miami. Es denunciar tantos crímenes y abusos una y otra vez y que no escuchen. Es la ira que produce el saber que el remolcador *13 de marzo*, cargado de niños fue hundido por cubanos. Es la calma necesaria para traducir la ira en una denuncia efectiva. Es un grito de "cobarde" a Fidel Castro en Madrid y sentir que por mi garganta hablaba mi pueblo. Es sentirme siempre una exiliada. Es, todavía, mentalmente rezar ante la virgen de la gruta del colegio, aunque me encuentre en una catedral. Es enterrar a un amigo en el exilio, pero mantener vivos sus ideales. Es vivir orgullosa de mi familia y agradecida a mis padres y abuelos por haberme legado su amor por Cuba. Es imaginarme que logro arrancar las rejas de las prisiones y las lanzo al mar. Es estar en una cabina de radio en Miami, mientras mi voz recorre la isla.

El día que salí de Cuba, lo último que vi desde el avión fue el hogar de mi niñez. Aquel mundo donde conocí la felicidad y viví entre el ocelote y el sinsonte, el mango y la magnolia. El guajiro Carlos, cómplice de todas mis travesuras me dijo que tan pronto despejase el avión, él abriría el portón del establo para que mi yegua Pamela — de la que no me quise despedir — me dijera adiós. La vi entre mis lágrimas, correr, dar vueltas incesantemente. Con los años comprendí aquella ansiedad. Era la misma que sentía mi alma al separarme de todo lo que había querido. Ese sentimiento seguirá dentro de mí hasta el día que regrese a esa Cuba que me pertenece, Cuba mía, porque hija de ella soy.

Ninoska Pérez Castellón
Periodista. Comentarista WQBA
s/c: 5 de junio de 1959

No vamos a descansar hasta que ante los ojos del mundo prevalezca la verdad histórica de un exilio que no se rindió, de un pueblo que no se cansó, de un pueblo que se enfrentó a la tortura, a la difamación, a la calumnia, a la desinformación y prevaleció por sus méritos, por la justicia de su causa y supo colocarse de pie en los momentos más tristes y trágicos de la historia.

Jorge Mas Canosa
Patriota
1939 - 1997

Índice

Abella, Rosa 180
Abreu, Ernestino 103
Acuña Herrera, Guillermina 133
Adán, Elsa 60
Aguilar León, Luis 70
Alfonso, Gustavo 163
Alvarez Bravo, Armando 54
Alvarez, Alberto 141
Alvarez, Lissette 59
Alvarez, Tania Rosa 108
Alvarez-Buylla, Esteban 63
Anderson McCarthy, Dorothy 22
Arango, Ofelia 199
Arrizurieta, Luis 189
Artime, Dr. Manuel 133
Balmaseda, Liz 24
Barbas, Eva 22
Barquín, Mario 55
Borroto Hinojosa, Zaira 92
Bragado, Reinaldo 91
Brito Burón, Carlos Manuel 119
Cabrera Infante, Guillermo 13
Calzado, Ulises 113
Campanería, Virgilio 79
Cancio, José 179
Cancio, Mariana 93
Cancio, Mary Lilliam 173
Capó, Manuel 35
Carbonell Cortina, Néstor T. 75
Carbonell, Ana 69

Carbonell, Manuel	128
Cardona, Joe	18
Carles, Maggie	158
Carreras-Balepogi, Lourdes	141
Cartaya, Alberto L.	129
Casanova, María Julia	131
Castellón, Adolfina	109
Castellón, Rogelia	174
Casulo, María Aurelia	137
Centurión, Jorge	184
Cepero, Eudel Eduardo	149
Chediak, Nat	42
Chinea Suárez de Lillo, Migdia	64
Chirino, Willy	68
Chorens, Olga	135
Conde, Yvonne	50
Cortés, Emma Rosa	179
Costa, Octavio R.	134
Crews, Gemma	188
Cruz, Celia	14
Cruzamora, Roberto	192
Cuadra, Angel	165
Cué, Lourdes	54
Cuellar, Juan	190
Cuervo Martínez, Ana	159
Cuervo, Mario	185
Cueto Roig, Juan	158
Cueto, Bernardo	81
Cueto, Teresa	122
Curra, Iliana	124
De la Peña, Mario	88
De la Peña, Miriam	88
De la Rosa, Pili	181

De la Rúa, Juan	143
De Oña Suárez, Laura	52
De Quiróz, Lesver	53
Del Busto, Alicia	99
Del Castillo Noriega, Rosa	58
Del Pozo Marrero, Omar	70
Díaz-Balart, Mario	29
Díaz-Balart, Rafael	206
D'Kendall, Lourdes	147
Domínguez, Claudio Mariano	25
D'Rivera, Paquito	30
Echerri, Vicente	84
Egaña, José Camilo	101
Elgarrresta, Mario	97
Encinosa, Enrique	152
Escandón, Annette	52
Esquijarosa, Jenny	67
Estefan, Emilio	24
Fernández de Garrido, Alina	131
Fernández Revuelta, Alina	206
Fibla, Alberto	108
Foyo, Feliciano	27
Fraxedas, J. Joaquín	121
Frías, Sonia	171
Gaínza, Agustín	115
Gaínza, Ester	157
García Cantero II, Raoul	205
García Cantero III, Raoul	205
García Martínez, Francisco	74
García Ordoñez, Carlos	152
García, Horacio S.	82
García, Millie	193
Gómez, Miriam	13

González Concepción, Felipe	151
González Esteva, Orlando	128
González Horvath, Pepita	58
González Infante, Luis	154
González Llenín, Mely	197
González Rauchmann, Mara	128
González Rebull Sr., Julio	112
González, Antonio	156
González, Dulce	71
González, Juan	101
González, Rosi	117
Goudie, Annie	16
Güell, Luisa María	143
Guillot, Olga	19
Hernández Cuellar, Jesús	183
Hernández, Alberto	21
Herrera, Angela	132
Iglesias Falla, Ileana	161
Iglesias Piñero, Jorgelina	190
Iglesias Taracido, Mónica	28
Iglesias, Arnaldo	116
Iglesias, Max	162
Iglesias, Mirta	211
Iglesias, Rafa	162
Iglesias, Rafael	160
Iglesias, Verónica	163
Iriondo, Sylvia	115
Koltun, Roberto	66
Korvik, María	76
Lamerán Bruce, Jorge	198
Leal, Gloria	209
Leiseca, Alfredo	41
León, Benjamín	72

Llaguno de Urrutia, Esperanza	207
Llama-Castellanos, Christina	104
Llanes, Renán	173
López Aguiar, Carlos	92
López, Gloria	144
López, Israel Cachao	41
López, Lillian	191
Lorenzo, Cecilio	140
Luna, Laura	46
Maidique, Modesto	33
Mainieri, Nunzio	93
Manrara Gastón, Alfredo	136
Margo, Ana	91
Marino, Gilberto	30
Márquez-Sterling, Manuel	23
Martín Hudson, Ofelia	106
Martínez, Ana Margarita	186
Martínez, Gustavo	47
Martínez, Mel	207
Martínez-Cañas, José	195
Mas Canosa, Jorge	213
Mayans, Teresita	56
Medrano, Humberto	14
Medrano, Mignon	98
Menacho, Alberto	21
Méndez, Antonia	95
Méndez, Mónica	122
Menéndez, Margot	117
Menéndez, Padre José Luis	89
Milián, Pedro	148
Miranda, Mario	94
Montaner, Carlos Alberto	35
Montaner, Gina	36

Montoya, María	37
Mora de Cruz, Amada	200
Morales, María Luisa	110
Mouawad, Stephanie	176
Negrín, Elsa	167
Nodal, Luis	158
Novoa, Joaquín J.	109
Núñez Ojeda, Elpidio	40
Núñez, Carlos	182
Núñez, Emelina	51
O'Farrill, Albertina	100
Olano Lindner, Siomara	62
Oliva, Carlos	96
Orizondo, Herminio	150
Orizondo, Rafael	106
Orta, David	79
Orta, Magda	147
Palacio, Mario G.	118
Palmer, Eduardo	198
Pardo Mazorra, Angel	50
Pardo Núñez, Angel	51
Pardo, Rodolfo	193
Peñate de Tito, Reina	99
Penelas, Alex	49
Perales, Padre Jorge I.	124
Perdomo, Araceli	155
Perera, Hilda	63
Pérez Castellón, Ninoska	211
Pérez Mouawad, Rogelia	175
Pérez Padrón, Francisco	126
Pérez Padrón, Humberto	26
Pérez Siam, Frank	38
Pérez, Jenaro	136

Pérez, Roberto Martín	15
Perodín, Sergio	17
Pino, Raúl Fabio	187
Pong, Alfredo	127
Portela, Leonor	111
Pozo, Manuel	178
Quintana, Mati	39
Ramírez, Felo	65
Rey Pernas, Santiago	208
Reyes Jr., Jorge	43
Reyes, Gavrielle	44
Reyes, Jorge	43
Reyes, Karina	44
Reyes, Natalia	177
Reyes, Ninoshka	176
Ríos, Ernesto	168
Rivero, Alicia	140
Robaina Argüelles, Juan Carlos	66
Roblán, Armando	87
Rodríguez de Aragón, Roberto	171
Rodríguez Ichaso, Mari	125
Rodríguez, Aleida	44
Rodríguez, Félix	151
Rodríguez, Lucrecia	96
Rodríguez, Madeline	112
Rodríguez, Osvaldo Fructuoso	203
Rodríguez, René	164
Romney, Hervin	166
Roque, Cary	16
Ros, Enrique	19
Rosainz, Olimpia	129
Rosainz, Zenaida	164
Roselló, Margot	104

Ros-Lehtinen, Ileana 20
Ruíz, Berta 174
Ruíz, Margarita 74
Salvador, Rev. Max 74
Salvat, Juan Manuel 38
Sánchez Boudy, José 73
Sánchez de Borroto, Marilyn 113
Sánchez Walston, Marisel 139
Santeiro, Luis 90
Saralegui, Cristina 23
Sardiñas, Luandy 55
Shelton Prats, Georgina 199
Silva, René J. 170
Soto, Osvaldo 168
Suárez, Diego R. 48
Suchlicki, Jaime 52
Tabares-Fernández, Ofelia 180
Tamargo Bilbow, Ida 196
Taracido Domínguez, Nelson Manuel 28
Taracido, Kevin 119
Taracido, Manuel E. 177
Tassinari, Caprice 144
Toraño, Marisol 169
Triay, Víctor Andrés 45
Usategui, Lydia María 178
Vallejo, Mario 85
Vallina, Mons. Emilio 61
Verela, Marisela 105
Víctore, Ohalys 196
Vizcaíno, María Argelia 194
Whitmarsh, Rosa Leonor 182
Zayas-Marrero, Georgina 130
Zúñiga, Luis 145

Otras Publicaciones de Editorial Zun Zún, Inc.

Marta Beatríz Róque, Ensayo por Rogelia Castellón.

Editorial Zun Zún, Inc.
P. O. Box 144490
Coral Gables, Florida 33114
editorialzunzun@hotmail.com